La Parisienne sans fard,
sans fioriture

パリジェンヌは
すっぴんがお好き

藤原 淳
June Fujiwara

ダイヤモンド社

パリジェンヌはすっぴんがお好き

藤原 淳

ダイヤモンド社

はじめに
爽快な人生を一緒に楽しみましょう

マスクを外す勇気がない。自分をさらけ出す覚悟がない。でも、どうしたらもっと世間の目を気にせず、周りの期待に流されず、自分なりの生き方を貫くことが出来るのか。そう思っている人、多いと思います。私はその秘訣をパリジェンヌの生き方に学びました。

私がここで披露するのは「取っつきにくいのになんだか憎めない、ボサボサ髪なのに妙にかっこいい」本物のパリジェンヌです。一切取り繕わず、**「すっぴん＝ありのままの自分」をさらけ出し、人生イロイロあっても肩で風を切って生きている、共感度１００％の爽快《そうかい》なパリジェンヌです。**ですから、これまで世の中に出回ってきた「お洒落なフランス人」の本に比べると、かなり異質かもしれません。

私は大学生の頃、フランス語の美しさに魅了され、オタクのようにフランス語を勉強しました。寝ても覚めてもフランス語の毎日。そんなある日、朝日新聞が主催する「コンクール・ド・フランセ」というスピーチ・コンテストに参加し、準優勝しました。賞金はなんと、パリ往復航空券と2ヶ月の語学研修。数ヶ月後、憧れのパリに飛び立ちました。

すっかりパリに心を奪われた私は大学卒業後、再び渡仏し、パリ政治学院に進学しました。そして卒業後、在仏日本国大使館で専門調査員としてフランスのメディアを担当し、広報活動に3年間従事しました。

任期が切れた頃、まだまだパリに残りたかった私は、広報の経験を活かそうと、ラグジュアリーブランドの最高峰であるルイ・ヴィトンのパリ本社に入社しました。２００４年のことです。それまでヨーロッパ各国の学生や在仏邦人との付き合いが多かった私ですが、そこで出会ったのは、私が抱いていたイメージとは全く違う、泣く子も黙るパリジェンヌでした。驚きと戸惑いの毎日が始まりました。

その後、出世の階段を上った私は２００７年にＰＲマネジャー、そして２０１０年にＰＲディレクターに昇進。２０１８年にはチャリティーや異業種とのコラボを担当する新部署の立ち上げ、初代ディレクターにも就任しました。けれども私が誇りに思うのは、世界一のブランドに20年弱勤めたことでも、出世したことでもありません。**私が自負している**

のは、その過程で「もっともパリジェンヌな日本人」と業界内外で称されるようになったことです。

入社してからというもの、数千名のゲストをお呼びするイベントを2週間以内で立ち上げたり、インフラ整備が不十分なイースター島やキューバにファッションやアート関係の記者を招待するプレス・ツアーを企画するなど、幾つもの修羅場を潜り抜けているうちに、私も面《つら》の皮が厚くなっていきました。取り繕う余裕すらなくなった時、真のパリジェンヌになっていたのです。

ここでいう「パリジェンヌ」とは感性であり、態度であり、私のようにフランス人ではない人、パリに生まれ育っていない人、さらに言ってしまえばパリに住んでいない人でさえ共感することができる、ある種の生き方のことです。**つまり、誰でもパリジェンヌらしく生きることができるのです。「すっぴん＝ありのままの自分」を受け入れ、さらけ出すだけで気持ちが吹っ切れ、世間の目が気にならなくなるのです。**

念のために申し上げますが、私は「フランス人のようになりましょう！」などと言う気はありませんし、「日本人ってダメ」とお説教をする気もありません。日本人独特の心遣い、気配り、おもてなしの心は世界で類を見ない素晴らしいものです。

私は現在、ルイ・ヴィトンを退社し、ライフワークとして日本人の素晴らしさ、日本の良き生活習慣を紹介する本をフランス人向けに執筆、出版しております。自分の権利を主張する前にまず社会の調和を考える日本的なあり方は、フランス人にとってはお手本になることが多いようです。

しかし、周りにまず配慮するというその美徳は、裏を返せば、世間の目を気にしすぎるというマイナス面につながります。私も長年そうでした。

私たちは世間体を絶えず気にしながら生活しています。「社会人として」折り合いをつけながら器用に生きている人もいれば、不器用で窮屈な思いをしている人もいるでしょう。自分を押し殺していろいろ我慢をしている人もいるかもしれません。

しかし人は誰でも「自分らしく生きたい！」と思っているのではないでしょうか。時には「するべき」ことを忘れ、「したい」ようにすることが出来たらどれだけラクなことでしょう。「自分は本当はどうしたいのだろう？」「他の誰でもない、自分にとって心地よい生き方ってなんだろう？」……ふと立ち止まって考えてみてください。

「そんなことを言われても、社会や企業のトップが変わらない限り、自分がどう意識を変えようが無駄」とあなたは思っているかもしれません。でも私は自信を持って断言します。それは間違っています。**誰にでも、ありのままの自分をさらけ出して生きることはできます。**

生きづらさを世の中のせいにするのは簡単なことです。しかし世間体というものは自分で背負っていることが多いのです。自分に厳しい人は、他人にも厳しい。関係ない人のことまでとやかく言う。だから厄介なのです。私はこの負の連鎖を断ち切りたいと思っています。

では、どうすればよいのでしょう。まずはこの本を読んでみてください。

- **パリジェンヌは他の人が着ている服を買いたがらない**
- **職場でストッキングなしの生足は常識？　非常識？**
- **残業をやめてさっさと帰ったら仕事が飛躍的にはかどった**
- **恋愛も我が道を往くパリジェンヌ**
- **「みんながしているから」から解放される魔法の質問**

各章でこれからご紹介する現場の話をする度に、日本の知人たちは感嘆の声をあげます。

いいえ、ファッション業界に対する憧れの黄色い声ではありません。「人は人」「自分は自分」と割り切って生きているパリジェンヌの生きざまに対する呆《あき》れと感心の混ざった声です。


「パリジェンヌって本当にすっぴんで出勤してるの？」

「90歳過ぎていつもハイヒールって、めちゃめちゃかっこいい！」

「子育ては割り切って外注してるのね！」

そしてみんな口を揃え、溜め息交じりに言うのです。

「なんかいいよね、パリジェンヌ。私もちょっと吹っ切れたわ」


この本を読み終わる頃には、あなたも気持ちが吹っ切れているはずです。そして、吹っ切れてしまえばこちらのもの。今までなぜ、あれほどまでに人目を気にしていたのか、驚いてしまうことでしょう。**肩の力が抜け、「自分は自分でいいのだ」と納得した瞬間、とてもラクになります**。この本は、日々の生活で簡単に実践することのできる「自分なりの生き方を貫くコツ」に溢れていますから、すぐにでも行動に移したくなるはずです。

初めの一歩を踏み出しましょう。爽快な人生を一緒に楽しみましょう。

CONTENTS

chapter 1

パリジェンヌは他の人が着ている服を買いたがらない

Première partie : S'habiller à la parisienne

CONTENTS

chapter 4

恋愛も我が道を往くパリジェンヌ

Quatrième partie : S'aimer à la parisienne

CONTENTS

chapter 5

キャリアと子育てを両立させるパリジェンヌの秘訣

Cinquième partie : Élever un enfant à la parisienne

chapter 6

パリジェンヌはいつでもどこでも自然体

Sixième partie : Savoir décrocher à la parisienne

chapter 7

自分なりの生き方を貫く7つの秘訣

Septième partie : Comment être parisienne

chapter

1

Première partie :
S'habiller à la parisienne

パリジェンヌは他の人が着ている服を買いたがらない

Première partie : S'habiller à la parisienne

「似合わないわよ」と面と向かって言われたのは有り難いこと

私を待ち受けていたのは、人事課のお兄さんでした。ピタピタのジーンズを穿《は》きこなし、生足にスニーカーです。薄暗いオフィスには昼間からアロマキャンドルがくゆり、バラの香りが立ち込めています。アシスタントが持ってきてくれたのは、陶器のデミタスカップに入ったエスプレッソです。彼女は紫色のレギンスに肩が出る大きめのTシャツを合わせ、そのまま踊り出しそうな恰好《かっこう》をしています。それぞれに個性的です。

それもそのはずです。私が面接に来たのは、ただの会社ではありません。天下のルイ・ヴィトンです。ファッション業界です。日本式に暗色のスーツにビシッと身を固めてきた私は完全に場違い。

（もうこの扉をくぐることはないだろう……）

chapter 1

パリジェンヌは他の人が着ている服を買いたがらない

そう思いながらポン・ヌフ通りにある本社を後にした1週間後、アロマキャンドルのお兄さんから連絡がありました。3日後、広報部長との面接に来てくださいとのことです。喜びもそこそこに、私は頭を抱えてしまいました。何を着て行けばよいのか、全くわからなかったのです。

3日間思案した結果、私はタイトスカートにシルクのブラウスを合わせ、大きめのベルトをつけてイザ、出陣。前回、本社の廊下ですれ違った、いかにも仕事が出来そうな女性のルックスをそっくりそのまま、真似てみたのです。

当日、私はさらにパール・グレーのカラー・コンタクトをつけて面接に挑みました。つけるだけで自分がちょっと「ミステリアスな女」になったような気がして、当時お気に入りで時々つけていたものです。

広報部長のオフィスはセーヌ川を一望することができるガラス張りの大きな部屋でした。オフィスというよりはインテリアのショールームのようです。革張りのソファを勧められ、すみっこにちんまりと腰を掛けた私は、一通りの挨拶を交わした後、自己紹介を始めました。

相手は銀髪のショートヘアがお似合いのマダムです。しばらく黙って私の話を聞いていましたが、そのうち身を乗り出し、じーっと私の目を覗き込んで言いました。

「あなた、それ、生まれつきの色？」

要点を突かれ、しどろもどろの私。返事も待たずにマダムは続けました。

「綺麗な色だけど、似合わないわ」

セールスポイントだと思い込んでいた私の個性的な目。それを面と向かって「似合わない」と言われたのですから、私の自尊心はガラガラと音を立てて崩れていきました。「きっとこのブラウスも、スカートも、ベルトも似合わないのだろう……」そう思うといたたまれなく、穴があったら入りたい気分でした。

マダムは肘掛け椅子に深々と座り直しながら言いました。

「ヘタな小細工はおやめなさい。ありのままでいいのよ」

落ちたな、と思った瞬間でした。

窓の外では、セーヌ川の川面が光を反射し、キラキラと輝いています。

（これが見納めになるかもしれない……）

そう思いながらオフィスを後にした私は広報部長の言葉を頭の中で繰り返していました。

「似合わないわ」と言われた瞬間、私は人格を否定されたような気がしていました。ところがショックが和らいでくると、「そりゃそうだ」と思わず苦笑したくなるような気持ちでした。見よう見まねの服装をし、カラー・コンタクトで「ミステリアスな大人の女」を演出しようとしていた私です。背伸びをしていたのがバレバレだったのです。

「大人っぽく見せたい」「可愛らしく見せたい」「上品に見せたい」……。

私達は「こう見せたい！」という気持ちが先走り、自分を取り繕ってしまうことがよくあります。そして人真似をしてみたり、似合いもしないフレアスカートを穿いてみたり、好きでもないのに流行りのバッグを持ってみたりします。あれこれ「ヘタな小細工」をしてしまうのです。

これは案外、無意識のうちにやってしまっていることです。そして言われなければ、気が付かないことでもあります。私が**「似合わないわよ」と面と向かって言われたのは、とても有り難いことだったた**のです。マダムは私の人格を否定していたのではなく、**「もっと自分を尊重しなさい」**と教えてくれていたのです。

その翌週、採用の通知がありました。なぜ受かったのか、未だにわかりません。一つだけわかるのは、広報部長が出だしからとても大切なことを教えてくれていたということです。

私がありのままの自分で勝負することができるようになるのはずっと先の話ですが、広報部長にあの日、あのオフィスで言われたことは今でも心に刻まれています。

面接の日以来、私がパール・グレーのコンタクト・レンズをつけることは二度とありませんでした。

chapter 1

パリジェンヌは他の人が着ている服を買いたがらない

Première partie : S'habiller à la parisienne

「私じゃなくなっちゃう服」は絶対に着たくないパリジェンヌ

パリのポン・ヌフ通りにあるルイ・ヴィトン本社には、毎日2000人の社員が出勤します。

私は直の上司となる金髪美人のパリジェンヌについて、広報部の挨拶回りをしていました。右も左もわからないまま、あちこち連れ回され、紹介される人の顔と名前を一生懸命覚えようとするのですが、ほとんどの社員はこちらをチラッと見て口先ばかりの挨拶をしておしまい。顔さえ上げてくれない人ばかりです。

チラ見の際、私は頭の上からつま先までチェックされているのを見逃しませんでした。

「どんな奴が入ってきたのか」

と、値踏みをされているのです。

私は途中から名前を覚える無駄な努力をやめ、こちらも相手のルックスをチェックすることにしました。意外なことに、バッグこそ、スタッフ全員が自社製のモノを普段使いしていますが、洋服はブランド物をまとっている人はあまりいません。

学生のような恰好をしている人。スポーツ・ウエアを着ている人。カジュアルなワンピースを着ている人……。実に千差万別、多種多様です。皆が皆、オシャレというわけではありません。一部の男性はスーツにネクタイですが、女性はスーツをカチッと着ている人はいません。何を着てもオッケー。そんな空気が流れています。

コーポレートPRとして採用された私は、オープンスペースの一角にデスクを割り当てられました。周りの同僚も思い思いの恰好をしています。優しく声をかけてくれる人などいません。デスクにとりあえず座ってみるも、私は間違ったところに来てしまったような違和感を感じていました。なんだかひどく場違いなのです。一人だけ浮いているのです。

一刻も早く溶け込みたい……。そういう切なる思いから、私はまず周りのパリジェンヌ達の服装を観察することにしました。隣席の同僚はブリジット・バルドー似の小悪魔風の若い女性ですが、群を抜いて垢抜《あか》けています。ところがよく見てみると、ZARAやH&Mのような、安月給でも買うことができる洋服をうまく着回しているのです。

chapter 1

パリジェンヌは他の人が着ている服を買いたがらない

早速私も近所のZARAに走り、同じような服を買いだめしました。広報部長に言われていた「ありのままの自分で勝負しなさい」という大切な教えはどこへやら。人真似をして周りに同調するという悪い癖がムクムクと頭をもたげ、私の視野を狭くしていました。

小悪魔ギャルの同僚ソフィアは、事務連絡以外は口もきいてくれません。私は何かにつけ、上司のアシスタントをしている年上のヤスミナを頼ることになりました。物腰も話し方も穏やかなヤスミナは私の心のオアシスでした。

モロッコ系のフランス人である彼女はフサフサとした黒髪とエキゾチックな目が特徴的です。ちょっと真似できないような個性的な服を選び、斬新な組み合わせをしています。それがまたお似合いなのです。

ある日、ヤスミナがファッション雑誌をペラペラとめくり、自社製品が掲載されているページに付箋《ふせん》をつけていた時のことです。隣に座り込み、息抜きに別の雑誌をめくっていた私はふと気づくことがありました。

「こっちの雑誌って、コーディネート指南とかないのね」

「何それ？」

そう言って首を傾げるヤスミナに説明するため、私は広告チームのオフィスに走りました。世界中の雑誌が置いてある部屋です。日本の女性誌を拝借してめくると、ありました、ありました。我々がよく目にする、洋服やアクセサリーをどのように着回すか、親切丁寧に説明する「1週間のコーディネート」ページです。

それを見せると、ヤスミナは目を丸くして言いました。

「なんだか教科書みたいね！」

こんなモノ参考になるのか。日本人女性は本当にその通りの恰好をするのか。みんな同じような服装になってしまわないのか。立て続けに聞かれた私が答えに詰まっていると、ヤスミナはさらに言いました。

「私だったら、人が着ているモノは絶対に着たくないわ。私じゃなくなっちゃうもの」

そう断言して仕事に戻ってしまいました。

同僚の服装を真似ることに専念していた私にはグサッと来る言葉でした。ヤスミナが魅力的なのは、人と違うからです。**「自分じゃなくなっちゃう」とはっきり言うことができるのは、「自分らしいスタイル」をよく理解しているから**です。比べて私はどうでしょう。

私達は深く考えもせずに「雑誌に出ていたから」という理由で服装を選んだりします。「人気のあるブランドだから」、あるいは私のように「オシャレなあの人が着ていたから」と人真似をしてしまう人もいるかもしれません。なぜかと言えば、それは**「これなら間違いない」という安心感があるから**です。つまりそれは当たり障りのない恰好なのです。

それは確かに無難な選択肢かもしれませんが、それでは決して自分らしさを追求することにはなりません。

では、ヤスミナの言う「自分らしいスタイル」とは何なのでしょう。何をもって「自分らしい」と断言することが出来るのでしょう。そしてそれは、どうすれば見つけ出すことが出来るのでしょう。

ファッション業界に飛び込んだ私は、意外な人達からその秘訣を学ぶことになるのでした。

Première partie : S'habiller à la parisienne

ファッション・デザイナーがいつも同じ服を着ている理由

広報部長のマダムはスラリとした体型です。真っ白になった髪の毛は染めることなく、ボーイッシュな体型にピッタリのショートヘアに刈り上げています。その銀髪が洗練されていながら、どことなくキュートでもあり、独特の魅力を放っています。

広報という職業柄、イベントやパーティー、食事会などの公の席には、必ず自社ブランドの服を身に纏わなければなりません。そんな時、彼女は担当の部下が勧める最新のスーツやドレスを退け、いつも同じような細身の黒いワンピースを好んで着ていました。ファッション・ショーにも登場し、流行の先取りをするようなドレスには目もくれません。

そのような一点物を着こなすことができる体型をしているだけに、私はいつも、

（勿体ないなあ……）

と残念な気持ちで広報部長を遠巻きに見つめていました。

なぜ、彼女はいつも同じようなワンピースを選んでいたのでしょう。その謎は、ファッション・ショーの舞台裏でインタビューのお手伝いをしている時に解けました。

ルイ・ヴィトンのように、元々トランク店だった老舗ブランドがなぜ、スター級のファッション・デザイナーを雇い、巨額の投資をしてファッションの世界に足を踏み入れたか、不思議に思ったことはありませんか。それはひとえに、時代を先取りするためです。古き良きものに新しい要素を加えることによって、どの時代でも最先端をいくデザイン性を備えた新商品を提供し、消費者の購買意欲をくすぐるためです。

そんな使命を一手に引き受けるのがファッション・デザイナーです。彼らは常に既成概念を問い、時には壊し、新しいモノや考え方を世の中に送り出していくことを求められます。一般人がファッション・ショーを見ると、奇抜に思えたり、キレキレに映るデザインがあるのもこのためです。

ではファッション・デザイナー本人がキレキレの恰好をしているかといえば、そうではありません。驚いたことに、案外地味な服装をしています。ルイ・ヴィトンのレディース・デザイナーのニコラ・ジェスキエールは黒のズボンに黒の革ジャンが定番ルックです。ディオールのメンズ、そしてフェンディのレディースを担当している気鋭のデザイナー、キム・ジョーンズも、まるで制服のようにいつも同じような恰好をしています。なぜなのでしょう。

答えはある日、私と同じ疑問を持つファッション記者が、当時ルイ・ヴィトンのメンズを担当していたキム・ジョーンズにインタビューをした際、明らかになりました。「なぜいつも同じような服装をしているのか」という質問に対し、キムはこう答えたのです。

「自分が心地よいと思える服装が一番なんだよ。自分を見失うと創造力は湧いてこない」

側で聞いていた私はびっくりしてしまいました。ファッションのプロ中のプロ、**流行を作り出す張本人が、自分のためには「心地よい」服を選ぶ**と言うのです。それはややこしいドレスを避け、「これが一番よ」と、いつも同じような黒のワンピースを選ぶ広報部長のマダムにも通じるところがありました。

その**割り切り感は、自分を知り尽くしている人が行き着く境地**です。もっと言えば、自分を知り尽くしている人しか行き着くことのできない、究極の境地です。

私はそれまで、流行をうまく取り入れ、いろいろなルックスを着こなしている人が「オシャレな人」だと思っていました。どうやら、根本から間違っていたようです。

本当にオシャレな人は流行には見向きもせず、「自分にとって何が一番心地よいか」というスタンスで服を選んでいるのです。ましてや、「周りに合わせる」などという発想は論外。未熟さを思い知らされた私ですが、ちょっとほっとしている自分がそこにいました。

（なんだ、そんなことでいいのか！）

肩の力が抜けたのです。周りに溶け込む必要はない。張り合う必要もない。自分にとって心地よいモノってなんだろう。これだけ考えればいいのです。

自分の肌に合う色。自分の心が和む模様。手に取ってみてほっとする、あるいはワクワクする素材。着てみてしっくり来るモノ、反対に抵抗感があるモノ。それは自分にしかわからないことです。誰も教えてくれないことです。

流行に惑わされることなく、周りの意見に流されず、**自分の心に耳を傾けてみてください**。自分の本能と感覚を大事にしてください。そして「これ」というモノが見つかった時は、多少季節外れだろうが、場違いだろうが、それを着てみてください。人からダサいと言われようが、「おかしい」と言われようが、それを貫いてみてください。**人の意見より自分の心地よさを優先させてください**。

「自分らしいスタイル」というものはすぐには見つかりません。私の試行錯誤はまだまだ続くのでした。けれども自分を主体にして洋服やアクセサリーを選ぶようになってからは、不思議なほど気がラクになりました。同僚の恰好を真似ることもなくなりました。

自分なりの生き方。それは何よりもまず、自分の感性を磨くことから始まります。

Première partie : S'habiller à la parisienne

「どう思われようがこれを着たいの」。自分なりを貫く大統領夫人

「自分にとって心地よいモノ」とは、単に「着心地がよいモノ」ではありません。「ラクだから」という理由だけで服装を選ぶと、ただの「ダラシない人」になってしまいます。

「自分にとって心地よいモノ」とは、キム・ジョーンズが言っていたように、**「自分を見失わない」ための服装**です。**自分が最も自分らしくあることができる服装**です。

ファッションは時には自分を奮い立たせ、自分の中に秘められた魅力を最大限に引き出す特別な力を持っています。私はそれを他ならぬ、フランスのファースト・レディー、ブリジット・マクロン大統領夫人から学びました。

ファースト・レディーともなると、当然のことながら着ている服、履いている靴、その一つ一つが世間の注目の的になります。大事な場面で何を着るかという選択は、凡人と違

い、メディアであれこれ分析されるのが常です。

自国のブランドを身に纏い、自国のソフトパワーを前面に押し出すという戦略は、王族でも、政治家でも、一国を代表する立場にある人は誰でも使う手ですが、マクロン大統領夫人はフランス人デザイナーの中でも、特にルイ・ヴィトンの服を好んで身に着けています。それが戦略的な発想とは無縁だという驚きの事実を発見したのは、ブリジットさんと直にお会いした時のことです。


たまたま私がそこに居合わせる、という貴重な機会だったのですが、マクロン大統領夫人は噂にたがわず、聡明かつ気さくな方でした。私はたちまち魅了されてしまいました。長い、真っ直ぐな脚が映える、ミニスカートとブレザーを着こなしています。藍色の上下は大きなボタンが目立ち、凛とした大統領夫人にとてもよく似合っています。もちろん、ルイ・ヴィトンのスーツです。

私がルイ・ヴィトンのスタッフだと知ると、ブリジットさんは声をひそめ、ここだけの話よ、と前置きしながら言いました。

「ルイ・ヴィトンばかり着ているから、よくスタッフに怒られるのよ。違うデザイナーさんの服も着てくださいって。でもね、私、（ルイ・ヴィトンのレディース・デザイナーの）

ニコラの服が大好きなの」

どう返事していいのかわからず、とりあえずお礼を言うと、大統領夫人はとても意外なことを言いました。

「私、本当は人前に出るのが苦手なの。緊張しちゃうのよ」

ファースト・レディーではあっても、ブリジットさんも一人の女性。大統領夫人として私の想像を絶するレベルの緊張感やプレッシャーを日々感じているに違いありません。そんな彼女の無言の戦いを垣間見ることができたような、とても貴重な一瞬でした。目を見張っている私の隣でブリジットさんは続けました。

「でもルイ・ヴィトンを着ると勇気が出てくるのよ」

「勇気、ですか？」

思わずオウム返しすると、ブリジットさんはキッパリと言いました。

「そう。ニコラの服は私にとっての鎧《よろい》のようなモノよ」

ブリジットさんがエマニュエル・マクロン大統領より24歳年上の教師であり、大恋愛の末に結婚したのは有名な話です。言ってみれば、ブリジットさんは世間の常識という常識を覆してきた女性です。70を過ぎても気おくれすることなく、ミニスカートと15センチもありそうなパンプスを履きこなしています。

服装からしても、「自分なりを貫く強い女性」というイメージがあった私ですが、そんな彼女が赤の他人である私に向かって、**「自分を奮い立たせるためには鎧が必要」**とサラリと言うのです。私は驚きのあまり、気の利いた言葉も見つからず、廊下を去り行く大統領夫人の美しい後ろ姿を、ただただ無言で見つめていました。

本当に強い人とは、大統領夫人のように**自分の弱さを認めることができる女性**なのかもしれません。そして**人に何と思われようが、どのように意見されようが、凛として自分を優先することができる女性**なのかもしれません。

私はと言えばその日、地味なパンツ・スーツを身に纏っていました。ラインが身体に合わず、あちこちシワが寄っています。若造の自分も一人前だと思われたいという一心で選んだ服装でした。とても自分らしい服とは言えません。自分に勇気を与えてくれる服ですらありません。

「自分だけの鎧」。是非見つけてください。それは自分の心を奮い立たせてくれ、着るだけで自分が一回り素敵な女性になった気分になるモノです。

私がその後、数年かけて見つけた「自分を奮い立たせるモノ」は、黒革のライダース・ジャケットでした。ワンピースにも、ロングスカートにも、ジーンズにも合い、いろいろな場面で大活躍してくれます。長すぎず、短すぎず、私の身体のラインを綺麗に見せてくれるモノです。そして何よりも、着るだけで背筋がシャンとするような爽快感があります。

黒革のジャケットは私の大切な鎧です。

職場でストッキングなしの生足は常識？　非常識？

実は、フランスには新卒の一斉採用というシステムがありません。入社後、特に研修があるわけでも、きちんとしたブリーフィングがあるわけでもありません。中途採用はエキスパートとして雇われ、即戦力になることを要求されており、入社翌日、いえ、入社当日から仕事を任されます。

コーポレートＰＲとしての私の最初の仕事は、ルイ・ヴィトンに代々伝わる「物作りの精神」について広報すること。ブランド特有の「匠《たくみ》の技」について、世の中の人に広く、深く理解してもらうことでした。

１７０年以上の歴史を持つルイ・ヴィトンのルーツとは何か。現代にまで引き継がれるスピリッツとは何か。そこから勉強しなければなりません。物作りの現場であるアトリエにも足を運び、職人技や職人気質について理解しなければ始まりません。あまりに覚えることがたくさんで、目が回りそうでした。怒濤《どとう》の毎日が始まりました。

そんな中、私が一番困ったのは、日常の些細《ささい》なことです。ルイ・ヴィトンの歴史を綴《つづ》った本はたくさん出版されているのですが、どこに注文したらよいのか。5代目当主、パトリック・ルイ・ヴィトン氏へのインタビューはどのように取り進めればよいのか。アトリエへの往復交通費は出るのか。どうやって毎月払い戻しを請求するのか。同僚はもちろん聞けば教えてくれ、上司は頼めば私の案件を決裁に回してくれますが、会議や外出で不在のことがしばしばです。皆それぞれに忙しいので、いちいち対応していられないのです。

次第に、インタビューの内容から文房具の注文まで、一切の決裁権を握るのは広報部長だということが判明しました。正確に言えば、広報部長のアシスタントを務めるパリジェンヌです。

茶色のおかっぱ頭に銀縁メガネ、頭からつま先まで隙《すき》がない彼女は陰の実力者です。広報部長の人事が2年ごとにコロコロ変わってしまうため、長年居座る彼女こそが広報部を切り盛りしているのです。つまり、直接彼女を通すのが一番早いのです。

広報部のお局様《つぼね》と仲良くなるのが、どうやら快適なオフィス・ライフを過ごすためには不可欠らしい。そう理解した私は、彼女のオフィスに足繁く通うことになりました。

もちろんそう簡単にはいきません。要件を述べる際、グズグズしていると「つまり、何が言いたいの?」とせっつかれます。決裁を頼む際、ちょっとでも書類に不備があると突き返されます。とてもお友達になれそうな雰囲気ではありません。

だいぶ後になり、「アネゴ」と私が勝手に呼んでいたそのお局様とはランチを一緒にする仲になるのですが、当時の私は本気で嫌われているのかと思っていました。


そんなある日、ドギマギしながらプレス・ツアー企画の決裁を迫っていた時のことです。アネゴが前置きなしに言いました。

「あなた、ストッキング、破れてるわよ」

(しまった、怒られた)。細部にうるさいアネゴにきっと「ダラシない女」と思われたに違いない。そう焦った私は、

「すみません。すぐ新しいの、買いに行ってきます!」

と口ごもると、アネゴは変な顔をして言いました。

「そんなモノ、脱いでしまいなさいよ。必要ないわよ」

今度はこちらが変な顔をする番です。

私の前職は、パリの日本国大使館の広報文化部でした。日本からの出向者が多く、完全に「日本社会」な職場でしたので、ストッキングは欠かせないアイテムだったのです。私は「社会人としてストッキングは常識、生足は非常識だ」と思って過ごしていました。

ところがどうでしょう。こちらでは、**職場で生足が常識、ストッキングが非常識**なのです。例年になく暑い7月のパリで、アネゴも生足にパンプスを履いています。同僚は皆、生足にスニーカー、人によっては庭仕事にでも使いそうなつっかけサンダルを履いて通勤しています。

自分の常識は、人の非常識だったりします。反対に自分にとっての非常識もまた、人にとっては常識ということも多々あります。どちらが正しいという話ではなく、人それぞれということです。

「あの人、非常識だわ」

もし、そう思うことがあったら、なぜ自分がそう思うのか、ちょっと考えてみてください。自分の常識を押し売りしているだけかもしれません。

それからというもの、私は生足が基本になりました。長年非常識だと思い込んできたことを大っぴらにするのですから、気分は爽快です。

（私が「怖い」と思い込んでいたアネゴは案外、いいヤツなのかもしれない）

そう思いながら、ある日、例のつっかけサンダルに生足で廊下を歩いていると、すれ違ったアネゴが苦笑しながら言いました。

「ストッキング脱いで、あんたも一皮剝《む》けたって感じね」

（この人、やっぱり優しいのかも）

そう思いながら、私はにっこりと笑い返していました。

Première partie : S'habiller à la parisienne

5センチのヒールが教えてくれたこと

パリに暮らしていると、街中で素敵な年配の女性とよくすれ違います。私が住む建物の管理人のおばさんは、ポルトガル出身ですが、40年以上もパリに住んでいる筋金入りのパリジェンヌです。そして夏でも冬でも、花柄の短いワンピースにヒールの靴を履いています。

建物で最年長、ファッションジャーナリストの大内順子さんにそっくりの大きなサングラスがトレードマークのおばあさまは90歳を優に超えていますが、彼女もいつもハイヒールです。杖をつきながらヒールでヨチヨチ歩いている姿を見かけると、私など心配でかけ寄りたくなってしまうのですが、一人暮らしの彼女は人の助けを必要としません。

おしゃべりな管理人さんの話によると、彼女がヒール以外の靴で出掛けることはないそうです。ヒール以外の靴は持っていないのかもしれません。

ある週末のこと。たまたまエレベーターでそのおばあさまと居合わせることがありました。気まずい沈黙を破ろうとした私は、後先考えず、

「そのお靴、素敵ですね」

と口走っていました。

（くだらないことを言ってしまった……）

後悔していた矢先、マダムがにこりともせずに言いました。

「5センチよ、5センチ」

「?.?」

「ヒールは5センチが最適なの」

見てみると、確かにヒールは高すぎもせず、低すぎもせず、ぴったり5センチです。

「やっと自分に合う高さがわかったのよ」

キョトンとしている私におばあさまは、

「いろいろわかったのは、60を過ぎてからよ」

そう言い残し、エレベーターを降りて行ってしまいました。

おばあさまは、自分に合い、自分が素敵に見えるヒールの高さを長年発掘してきたと言うのです。そしてそれを見つけるのに60年かかったと言うのです。エレベーターに一人、

取り残された私は、なんだか背筋を正された思いでした。

当時の私は20代後半。自分のルックスが定まらず、試行錯誤を繰り返していた時です。この頃の写真を見ると、かなり一貫性のない格好をしています。服に着られてしまっていたり、ちっとも似合っていなかったり、あまりサマになっていません。豪華な陶器に盛られて肩身が狭そうな惣菜や、反対に粗末なお皿にのせられてあまりパッとしないご馳走のように、なんだかチグハグなのです。

自分らしいスタイルがなかなか見つからず、焦りを感じていた私ですが、5センチのヒールのおかげで大事なことを見落としていたことに気が付きました。それは、私がこの歳で「サマになっていない」のは、ある意味、当たり前だということです。

おばあさまが**「サマになる」ヒールを見つけたのは60歳を過ぎてから。つまり、60になるまで、いえ90になるまで、いろいろ試してみたっていい**ということです。ゆるりと一年一年、試行錯誤を繰り返しながら、自分という軸を確立していけばよいのです。

そう思うと、**歳をとるのが嫌なことではなく、私だけの密かな楽しみ**のような気さえしてくるのでした。

「五十にして天命を知る」と言ったのは孔子ですが、5センチのヒールのおばあさまは、「六十にして我を知る」と言い放った強者《つわもの》なのです。

もう一つ、おばあさまが教えてくれた大切なこと。それは、パリジェンヌは「年齢を重ねても美しい」のではなく、**「年齢を重ねるからこそ美しい」**ということです。それは「老けると劣化する」という私の先入観を根本から覆してしまうような、世紀の大発見でした。

職場でも、とりわけ目を引くのは年配のパリジェンヌです。「あっ、素敵だな」と皆が振り返るのは例外なく、若い「マドモワゼル」ではなく、「マダム」と言われる年代の女性なのです。

そんなマダム達は、決して「おばさんっぽい」服を着ることがありません。ハイヒールでも、ミニスカートでも、胸元を大きく見せる服でも、自分が良しとしたモノは平気で着ます。そして妥協することなく、自分が心地よいと思うことができる形、色、そして素材を選び、自分に合うモノを追い求め続けています。幾つになっても**「年相応」の服ではなく、「自分相応」の服を貫いている**のです。

自分らしい生き方を貫く勇気と気概。そんなことを教えてくれたおばあさまは今日もサングラスをつけ、ヒールを履き、近所のパン屋さんにバゲットを買いに行きます。

Première partie : S'habiller à la parisienne

なぜいつも彼女はスケスケを着ているのだろう

ミレイユが廊下を歩いてくると、見なくてもすぐわかります。とにかく声が大きいのです。彼女はすれ違う人に声をかけ、歓談をしていきます。会議は既に始まっているのですが、気にする様子もありません。ミレイユはいつも遅れるので、会議を設定する側もそれを先読みして時間配分をしているようです。とがめる人は誰もいません。やっとのことで会議室に登場したミレイユはほがらかに挨拶をし、しばらく無駄話をしています。

そんなミレイユは広報部ではなく、スタジオに勤めています。スタジオは、ファッション・デザイナーとデザイン・チームが仕事をする場所です。そのスタジオがある階は、普通の社員はなかなか足を踏み入れることができない、聖域のようなところです。そこには「凡人が最先端を生きるクリエイティブな人の仕事を邪魔しちゃいけない」、そんな空気が流れています。スタジオに行き来することが許されている人は、一目瞭然《いちもくりょうぜん》。それぞれにめちゃめちゃ個性的な恰好をしている、カッコいい人達ばかりです。ミレイユもそんなスタジオ人間です。

ファッション・ショー、広告、プレス・デー等のイベントは、スタジオと広報部が二人三脚で進めなければ始まりません。そのためには、まずデザイナーの意図を広報部にわかりやすく説明しなければなりません。そんな難しい役回りをしているのがミレイユです。

午前中の会議に登場した彼女は、下はボリュームがあり、風船のように膨らんだ、「超」のつくミニスカートを穿き、上はブラも丸見えのシルク・ブラウスを着ています。そう、ミレイユのトレードマークはスケスケの服なのです。

スラリとしているミレイユは私など惚れ惚れしてしまうような体型です。お尻も胸も大きすぎず、小さすぎず、綺麗な湾曲を描き、まるでよく出来た絵画のようなのです。

露出度が高いミレイユですが、なぜかイヤらしい感じがしません。これは私だけではなく、職場の同僚も全く同感のようでした。人を褒めたりしないパリジェンヌですが、皆さん、ミレイユには一目置いています。ミレイユの服装を下品と批判する人はなく、「あんな身体していたら、そりゃ見せるわ」と、誰もが納得し、憧れのまなざしを向けています。

chapter 1

パリジェンヌは他の人が着ている服を買いたがらない

不思議なことに、男性より女性の目を引くミレイユなのです。

そのことが長い間気にかかっていた私ですが、ある日、同じ広報部に勤めるロベールに質問を投げかけてみました。男性が少ない広報部で昔から頑張るロベールはアーカイブ部門の責任者。『ウォーリーを探せ』のウォーリー似の彼は実に多才。プロのフォトグラファーでもあり、私が企画するプレス・ツアーにもよく同行してくれていたので、いつしか気の置けない仲間になっていました。ミレイユの大きな笑い声がいつものように廊下に響き渡っていたある日、私はロベールに聞いてみました。

「ね、ミレイユっていつもスケスケだけど、目のやり場に困ったりしないの？」

ロベールは、うーんと少し考えた後、言いました。

「しないね。なんていうか、あそこまで露出されると、男には響かないんだよ」

「色っぽくないっていうこと？」

「うん。ちっとも色っぽくない。でも、別に異性ウケしようと思ってスケスケを着てるわけじゃないでしょ」

そう言われてみれば、ミレイユにはそんな意図はなさそうです。

「じゃあ、どうして色っぽい恰好をしているのかしら？」

と私が呟《つぶや》くと、ロベールは首を横に振り、「君は全くわかっていないな」という顔をしながら言いました。

「彼女がスケスケを着るのは、媚《こ》びるためじゃない。これが私です、っていうメッセージみたいなもんだよ」

フォトグラファーのロベールは視点が鋭く、物事の本質を見抜くのが得意です。彼の目に映るミレイユは、**スケスケを着て自分をさらけ出す、等身大の女性**です。**「私はこういう人間ですが、何か？」と割り切っているパリジェンヌ**です。

なんとも爽快ではありませんか。ミレイユのスケスケがちっともイヤらしい気がしない理由がやっとわかり、私は快哉《かいさい》を叫びたい気持ちでした。彼女が女性ウケするのも無理ありません。媚びない、ありのままのその姿はロベールが指摘したように、強いメッセージを発信しているのです。

「私は私です。これでいいんです」

肩で風を切って生きているミレイユは、素《す》の自分を衆目《しゅうもく》にさらけ出す勇気を持ち、逃げも隠れもしないという覚悟を持つ女性です。

そんな彼女の真の魅力を理解した私は、「あんなふうに生きてみたい」と憧れるのですが、どこから始めていいのかわかりません。スケスケを着ればそれでよい、という次元の話ではありません。問題はそこです。

どうすればありのままの自分をさらけ出すことができるのか。私は図らずも命題にぶち当たってしまったのです。

chapter 2

Deuxième partie :
S'assumer à la parisienne

素顔の魅力で勝負するパリジェンヌ

Deuxième partie : S'assumer à la parisienne

パリジェンヌは
すっぴんがお好き

フサフサの栗毛が印象的なファッションPRのファニーは、絶えず何かを批判している典型的なパリジェンヌです。その辛辣《しんらつ》な口調がオモシロおかしいせいか、オフィスでは人気者の彼女ですが、私はあまり好きになれませんでした。偉そうな態度が鼻につくのです。できることなら関わりたくない。そう思って私が避けていた人でした。

そんな私を彼女も気に食わなかったのでしょう。ある日のこと。会議で私が企画構成したプレス資料をファニーが真っ向から批判してきました。意表を突かれた私は機転が利かず、言い返すこともできませんでした。煮えくりかえる気持ちを静めるためにお手洗いに駆け込んだ時のことです。

（使い勝手、悪いなー）

chapter 2

素顔の魅力で勝負するパリジェンヌ

悔し涙で滲《にじ》んでしまったアイラインを直していた私は苦戦していました。広報部がある本社の3階は女性が大半を占めており、女子のお手洗いには人が絶えません。けれども洗面所が妙に暗いのです。しかも洗面台の奥行きが深い上に、鏡が遠い。つま先立ちで鏡を覗き込んでいた私はその時、ふと気づきました。入社以来、お手洗いでお化粧直しをする人を見たことがないのです。

オープンスペースの自席に戻り、注意して周りを見てみると、きちんとメイクをしているのは私だけです。うそみたいな話ですが、みんなすっぴんなのです。派手な色のマニキュアを欠かさない、小悪魔ギャル風の同僚ソフィアでさえ、完全なるすっぴんです。

（たまたまかもしれない。若い子が多い、PRのオフィスに限ったことかもしれない）

そう思った私は翌日、用もないのに法務部や財務部がある廊下をうろうろし、自動販売機があるカフェコーナーに居座って、まずいコーヒーを何杯も啜《すす》りながら目を凝らして観察しました。

やはりほとんどの人がすっぴんです。アネゴこと広報部の怖いお局さまも、さんさんと日が射す会議室で観察してみると、潔いかな、ドすっぴんです。小麦色の肌は化粧っ気ゼロ。しわも、くすみも、シミも、隠す努力は一切していません。でも不思議とそれが、プールサイドから今戻ってきたような爽快感をかもし出し、素敵なのです。そしてそれに注目する人もいなければ、それを「おかしい」と指摘する人もいません。すっぴんが当たり前、そんな空気が流れています。会議もそっちのけで考え込んでしまいました。

「年頃になったら人前ですっぴんは失礼」。そう聞かされて育ってきた私は、あまり深く考えもせず、毎朝メイクをしていました。すっぴんだと「ごめんなさい」と謝らなければいけない心持ちで過ごしてきたのです。

あまりにマジマジと見つめていたせいか、会議後、アネゴが怖い顔をして廊下で私を引き留めました。

「どうしたのよ。私の顔になんかついてる?」

正直に訳を話すと、アネゴはお腹を抱えて笑っているではないですか。

「そんなこと考えてたの! あのね、メイクってディナーとか、イベントとか、ここぞっていう時にするものよ。毎日顔を合わせる同僚の前で気張ってどうするのよ」

少しばかり打ち解けてきたソフィアは退社直前、オフィスの自席でおもむろにコンパクトを開いたと思ったら、パッパと粉を叩《はた》き、長い睫毛《まつげ》にマスカラをピュッ、さっと口紅をひいておしまい。ものの1分で終わる超簡単メイクをしています。

「夜だけメイクしてるの？」

何気なく聞いてみると、

「毎晩じゃないわよ、スイッチ・オンの時だけよ！」

との回答です。

ツッケンドンな彼女はそれ以上説明しません。私なりにソフィアの言うことを解釈してみると、デートは「スイッチ・オン」。そして毎日のお勤めは「スイッチ・オフ」。オフィスで女らしさを演出する必要はない、そういうことなのでしょう。

私が感心してしまったのは、**「スイッチ・オン」にするか、「オフ」にするかは、パリジェンヌが自分で決める**ということです。周りに気を使って、もしくは人目を気にしてメイクをするなどということはしません。ましてや、「すっぴんだから謝る」などという発想は皆無なのです。

考えてみれば、「メイク顔」の反対語は「ノーメイク顔」。「すっぴん」という表現は、フランス語にも、英語にも存在しません。「すっぴん」の語源については諸説あるようですが、漢字で「素嬪」と書き、「素でもべっぴん」という説が有力です。べっぴんとは「美人」「綺麗な人」という意味ですから、「すっぴん」は言い換えれば**「素＝ありのままで綺麗な人」**ということになります。それがいつのまにか「ノーメイクの顔」を指すようになり、しかも「失礼なモノ」「恥じるべきモノ」という本末転倒の使い方をされるようになったのです。

パリジェンヌがノーメイクで素敵に見えるのは、本来の意味での「すっぴん」を体現しているからなのかもしれません。そう思った私は、その翌日、思い切ってすっぴんで出勤してみました。

思いつきでやってみたことですが、これが私にとって大きな転機になりました。

Deuxième partie : S'assumer à la parisienne

スイッチ・オフ状態になって初めて気が付いたこと

すっぴんで登場するには、ある程度の覚悟が必要です。長い間マスクをしていた経験がある人ならわかると思います。思い切ってマスクを外し、素顔をさらけ出すのは案外勇気のいることです。「どう思われるかな」などという、いらぬ心配をしてしまうからです。

すっぴんになってみて一番驚いたのは、ほとんど反応がなかったことです。私がノーメイクで登場したことに周りが驚いていないのではなく、気が付いていないのです。思いっきり拍子抜けでした。髪型を変えて本人はソワソワしているのに、周りに全く気が付いてもらえなかったという、あの経験に似ています。

子供の頃から「人に見られている」と勝手に思い込む傾向がある、自意識過剰な私ですが、**「誰もあなたを見ていません」という衝撃の事実に向き合わされた瞬間**でした。

自分で思っているほど、誰も私のことを見ていない、気にしていない、注目していないということがわかり、思わず苦笑してしまいました。「自分は浮いている」と思って一生懸命溶け込もうとしていた私ですが、無駄な努力に過ぎなかったのです。

そして周りの人は素顔の自分をすんなり受け入れてくれた。その事実に、私は「気張る必要は何もないのだ」とはっきり認識することが出来ました。ソフィアの言う「スイッチ・オフ状態」になることができたのです。なんだか嬉しくなった私はソフィアに、

「今日、ノーメイクで出勤なの！」

そうアピールしてみましたが、彼女はこちらをチラッと見ただけ。「だから何？」という顔をしています。

「自分の素顔が好き！」と断言することができる人、少ないと思います。それはなぜかといえば、日常生活の中で自分の素顔を見つめる機会が少ないからです。**自分の素顔を一番見ていないのは、実は自分自身**なのです。

見慣れていないのですから、たまに見ると欠点ばかり目についてしまいます。幻滅してしまう人もいると思います。頭の中で築き上げていた理想の自分とのギャップにガッカリしてしまうのです。

chapter 2

素顔の魅力で勝負するパリジェンヌ

私もそうでした。のっぺりした顔、小さすぎる鼻、長すぎる顎《あご》……。嫌なところを挙げたらキリがありません。日焼け、シミ、ニキビ……。気になることだらけで、それまでの私は、欠点や欠陥を補う努力にエネルギーを費やしていました。

その上、毎日くっきりした目鼻立ちのパリジェンヌに囲まれて生活していたので、

「アイライン、睫毛のビューラー、マスカラは欠かせない！」

そう思い込んでいました。

けれども、どう転んでも私は日本人。彫りが深いフランス人と比べても始まりませんし、張り合う意味は全くありません。**スイッチ・オフ状態になってみて初めて、私は自分が取り繕うことばかりにエネルギーを使っていたことがわかりました。**空回りしていたのです。

何を思ったのか、隣席のソフィアが突然書類から顔を上げ、私に向かって言い放ちました。

「悪くないわよ、ノーメイクも。そっちの方がジュンらしいかも」

そう言われた瞬間、心がふわっと軽くなったのを今でもよく覚えています。なんだか気持ちが吹っ切れたのです。

大胆な整形でもしない限り、素顔というモノはそうそう変わるものではありません。個

性もしかりです。いいところも悪いところも含めて全部、自分。一生付き合っていかなければならないモノです。

しかし、どう付き合っていくかは自分次第。ありのままの自分をさらけ出してみると、「私って案外、イケてるかも」という気になってくるから不思議なものです。自分に愛着が湧いてくるのです。こんなことは初めてでした。

そうは言っても、「突然ノーメイクで出社なんて、大胆すぎる！」そう思うかもしれません。今まで素顔をさらけ出さずに生きてきた人にとっては、「そんなことムリ！」と叫びたくなる気持ちもよくわかります。一切取り繕いが利かないのですから最初はとても焦ります。

でも大丈夫です。**すっぴんのポイントは、「できるだけ取り繕わずにありのままでいること」**です。ここで大事なのは、自分をさらけ出す覚悟です。必ずしも日常生活をすっぴんで過ごす必要はありません。実は、もっと手軽な方法があります。

それはパリジェンヌが当たり前のように毎日やっていることです。そしてそれは、誰でも、いつでも、どこにいてもできることです。

Deuxième partie : S'assumer à la parisienne

パリジェンヌが決して譲れない「ゴールデンタイム」

ありのままの自分をさらけ出す覚悟。それこそ、強く、美しく生きていくための秘訣です。そしてそれは、心を落ち着けて、すっぴんの自分と向き合う時間を作ることから始まります。毎日、少しでもいいので、素顔の自分と対話をする時間を作るのです。それだけです。とても簡単なことです。この秘訣を教えてくれたのは、私の友人であり、テレビ番組でコメンテーターをしている女性記者のマリーでした。彼女をプレス・ツアーに招待し、一晩一緒に明かした時のことです。

モンゴルにルイ・ヴィトンの店舗を開いた際、オープニング・イベントにマリーを含む世界各国のプレスを招待しました。またとない機会でしたので、モンゴルの伝統文化を身をもって体験してもらおうと、遊牧民が使うテントに1泊することになりました。大きなゲルは2人使用だったため、仲の良いマリーと私が一つのゲル（移動式住居）をシェアすることになったのです。

乗馬体験をし、モンゴルの民族楽器馬頭琴《ばとうきん》のコンサートを聴き、伝統的な食文化を体験したその晩。疲れ切っていた私は一刻も早く寝床に潜り込みたい気分でした。そんな私をよそ目にマリーはメリー・ポピンズのように旅行鞄から次々と何かを取り出しています。何かと思って覗いてみると、それは幾つものスキンケア・グッズでした。

モンゴルの大草原だろうが、取材で駆けつける中東だろうが、アフリカだろうが、大好きなクレンジングオイルや使い慣れた化粧水は必ず持参するマリーです。

「誰のものでもない、私だけのゴールデンタイムよ」

そう言い切る彼女は、**旅先で寝る時間を割いてでも、家族と電話する時間を削ってでも、肌の手入れをする時間は死守する**とのことです。

「何があっても、この時間だけは譲れないの」

そう断言するマリーの邪魔にならないように、私は布団にそっと潜り込みました。1分後に深い眠りに落ちた私がその晩見た夢は、肌がツヤツヤなマリーが傘を持って空から舞い降りてくる夢でした。

マリーに影響され、私もモンゴル旅行以来、パリジェンヌ流のスキンケアを実践するようになりました。毎晩、時間をかけて肌の手入れをしてみると、実にいろいろな発見がありました。

フランス語には「être bien dans sa peau（エートル・ビアン・ダン・サ・ポ）」という表現があります。直訳すれば、「肌が良い状態にある」という意味ですが、「気分が良くて快適」「幸せを感じている」もしくは「自分らしくいられる」という意味で使われます。

フランス人のスキンケアとはつまり、ただ単に「肌の手入れをする時間」ではないのです。**マリーの「ゴールデンタイム」とは、自分を一番「快適で幸せ」にリセットするための時間**なのです。日常生活で背負っているモノをこの時ばかりは投げ出し、**いつも被っている仮面を剝《は》がし、自分自身と向き合うかけがえのない時間**なのです。

忙しい毎日に振り回されて自分をないがしろにしている人。自分を差し置いて配偶者や家族に尽くしてしまう人。自分をいたわる必要性なんて考えたこともない人。

自分だけの時間を作ってみてください。誰にも邪魔されず、すっぴんの自分と向き合う機会を作ってみてください。

最初は数分だけでも大丈夫です。バタバタ忙しい朝は避けて、パリジェンヌのように夜、寝る前に時間を作ってみるのもよいかもしれません。**大事なのは、他の誰でもなく、自分を優先すること。その時間だけは誰にも邪魔させないこと。**そしてスマホなど決していじらずに、しっかり自分と向き合うこと。

これを毎日続けてみてください。心身の状態は必ず肌に出ますので、それを目で、そして手で感じ取ってみましょう。自分では元気なつもりでも、目の下にクマができていたり、肌にハリがなかったり……。肌はとても正直です。

素顔の自分と向き合っていると、日常生活の荒波にもまれている時は考えもしないこと、見過ごしてしまうこと、無意識に目をつむっていることが鮮やかに脳裏に浮かんできます。するとびっくりするくらい、「普段は見えない自分」が見えてきます。少し無理をしている自分。案外ストレスになっている自分。やっぱり腑《ふ》に落ちていない自分……。

そんな自分をいたわってあげてください。慰めてあげてください。褒めてあげてください。

ゴールデンタイムでツヤツヤになるのは、肌ばかりではありません。

Deuxième partie : S'assumer à la parisienne

ミネラル・ウォーターはガブ飲みせよ

パリの街角には、よくもこれだけ、というくらい薬局がたくさんあります。そして女性、特に働く女性に重宝されています。そんなパリの薬局に所狭しと並んでいるのは、日本のようにメイク用品ではなく、スキンケア・グッズです。

意外と知られていないことですが、フランスは「デルモ・コスメティック」という、医療とコスメの間に位置するカテゴリーが存在するくらい、この領域の研究が発達している国です。このため、洗顔料、クレンジングオイル、化粧水、保湿クリーム、角質ケアなどのスキンケア・グッズはとても充実しています。私など目が回ってしまうくらい、ありとあらゆる種類の製品が薬局に鎮座しています。

パリジェンヌは誰もが試行錯誤を重ねながら、自分の肌質や用途に合う製品を開拓しています。ニキビやアレルギー、日焼けによるシミやしわ……。肌のトラブルに限りがないのは万国共通ですが、そんな彼女達の最大の味方は薬剤師さんです。

子供の頃からアトピーに悩んできた私も、顔なじみの薬剤師さんに何度助けてもらったかしれません。髪の毛をいつも引っ詰め、薬剤師というよりはバレエ教室の先生のようなそのマダムは近所の人気者です。彼女目当てに来るおなじみさんも多いので、長蛇の列が出来ることもしばしばです。

私の乾燥肌に効く日常使いの洗顔フォームから、昼用、そして夜用の保湿クリーム、さらには繊細な瞼《まぶた》専用のクリームまで、薬剤師さんは事細かに選んでくれます。私が怪我をした時には、「傷痕にならないように」と、とっておきのクリームを勧めてくれました。

あまりにもしょっちゅうお世話になっていたので、私がある日、ため息交じりに、

「マダムがいなくなったら困っちゃうわ。自分じゃ何を選んでよいのかわからないんですもの」

そう漏らすと、彼女は難しく考えることはないと言います。そして声をひそめ、「店長に怒られちゃうけど」と前置きしながら囁《ささや》きました。

「本当に大事なのは、ミネラル・ウォーターをガブ飲みすることよ」

目を丸くしている私を見て笑いながら、マダムは続けました。

「スキンケアって外側にばかり集中してしまうけど、内側からやらなきゃダメなの。人間も植物も一緒よ。葉っぱや花びらをいじっていたのではダメ。根っこから水分を入れてあげないと干からびてしまうのよ」

そう言われて私は「あっ！」と思うことがありました。オフィスでソフィアもヤスミナも毎日ミネラル・ウォーターを文字通りガブ飲みしています。「どうして？」と聞いてみると不思議な顔をされるくらい、それはもう習慣化されたことです。

フランスはエビアンのような良質の天然水が有名な国です。そんな天然水を源泉から一切加工をせず、熱殺菌処理もせずに自然のままの状態で直接ボトリングをしたのがフランスのミネラル・ウォーターです。カルシウム、マグネシウム、カリウムなどのミネラルをバランス良く含んでいるため、健康にも美容にも良いとされています。**パリジェンヌの究極の美容法は、なんと、ミネラル・ウォーターのガブ飲み。**こんな簡単なことだったのです！

小躍りしたい気分の私でしたが、喜ぶのは少し早すぎました。フランスのミネラル・ウォーターは種類がとても豊富なのです。そして銘柄によってミネラルの含有量に差があり、それぞれ効能が違います。何を飲んでいいのかさっぱりわかりません。

出張が多い金髪美人の上司、ジュリエットは恐れ知らず、疲れ知らず、そして時差ボケ知らずです。そんな彼女もどこへ行くのにもルイ・ヴィトンのバッグにミネラル・ウォーターを潜ませ、水分補給を怠りません。

私はジュリエットがどの水を飲んでいるのか観察してみることにしました。すると、ウォーターの銘柄はコロコロ変わるではないですか。しびれを切らして、彼女に直接質問をぶつけてみると、意外な答えが返ってきました。

「TPOに合わせて数種類の水を併用しているわ」

そう言うジュリエットは実際、食事の際はシャテルドン、スポーツの時はコントレックス、便秘にはエパー、洗髪にはエビアン、そして洗顔にはアベンヌの水と決めて使い分けているそうです。

フランスではこのように、**生活習慣や用途、さらには年齢や体質に合わせてミネラル・ウォーターを使い分けるのが常識**なのです。つまり「これさえガブ飲みすればオッケー」という調子のいい水など存在しないのです。

何事も一朝一夕《いっちょういっせき》にはいきません。自分に合うスキンケア製品も、ミネラル・ウォーターも、やはり自分なりに試行錯誤を繰り返さなければ見つからないということです。

「汝自身を知れ」

ソクラテスの言葉が時空を超え、私の心に深く突き刺さるのでした。

Deuxième partie : S'assumer à la parisienne

パリで大人気、日本生まれの「コビドウ」とは？

パリジェンヌ達が今、夢中になっていることがあります。それは、日本生まれの「コビドウ」です。

「コビドウって本当に効果あるわね！」

「コビドウ、毎週やってもらってるわ」

「コビドウみたいな伝統がある日本って素晴らしい国ね！」

そう言われるようになり、最初は相槌《あいづち》を打ちながら、心の中で「何のことだろう？」と首を傾げていた私です。ところがある時から、無視できないほどその言葉を耳にするようになり、ついに重い腰を上げて「コビドウ」について調べてみることにしました。

「ＫＯＢＩＤＯ」と呼ばれ、フランスで２０１５年くらいから絶大な人気を誇っているのは、間違いなく日本から来た**「古美道」**です。

漢字で書かれてもピンと来ない人も多いと思います。私もそうでした。さらに調べてみると、古美道は15世紀に日本で確立された美顔術。駿河の国で二人の「按摩《あんま》」師《し》が技を競い合った末に誕生した古美道は、当時の皇后陛下に施されていたことでも知られています。現在では、26代目の家元、望月正吾氏がその技と手法を継承し、積極的に古美道を世界に広める活動を行っているとのことです。

つまり**古美道は、「按摩」から生まれた日本古来のエステ術**です。フランスでは、顔面の筋肉に直接働きかけ、収縮を促すことによって最大の引き締め効果を引き出す、究極のフェイシャル・マッサージ術として紹介されています。

私達日本人にはあまり聞きなれない、そしてなじみのないメソッドがフランスをはじめとする欧州全土で好評を博しているのですから、私は狐につままれた気持ちでした。日本生まれのマッサージがこれだけ流行っているということは、日本人としてとても嬉しいことですが、なぜ、日本では下火の美顔術がこれほどまでにパリでもてはやされているのか、いまいち理解ができなかったのです。

そんな時、友人のティエリーと話す機会がありました。広告会社に勤めていたティエリーは本家本元の望月師匠の講義を受けて古美道に目覚め、退社して古美道専門のエステを開いた強者《つわもの》です。ティエリーは私の質問に快く答えてくれました。

「フランスには、もちろんレーザー治療やボトックス注射など、進んだ美容医療術は幾らでもあるけど、フランス人女性って顔をあれこれいじくり回す前に、自然の力を使って調整することを好むんだよ」

「でも、どうして今さら古美道なの？　他にもあるでしょ？　フランスってほら、フェイシャル・マッサージ天国じゃない？」

そう差し向けると、ティエリーは少し考えてから言いました。

「そうだね、一番の理由は古美道の効果じゃないかな。いろいろな国でマッサージを学んだ俺だから言えることだけど、古美道の教えはすごいよ」

「効果って？　リフトアップ効果のこと？」

食い下がってみると、ティエリーは呆れたように言いました。

「ジュンには古美道の『道』の意味、説明しなくてもわかるでしょ。古美道は茶道や柔道と同じで、大事なのは心を鍛えること。それはマッサージをする側もされる側もそうだよ」

してやられた、とはまさにこのこと。フランス人に日本の精神文化論を説かれるとは思ってもいなかった私が言葉を失っていると、ティエリーはこう断言しました。

「効果があるのは肌じゃない。むしろ心の方だよ」
完全にノックアウトでした。**パリジェンヌが古美道に執着するのは、肌の手入れのためではなく、心のケアをするため**だったのです。

ティエリーにそう言われて初めて、私はパリジェンヌがすっぴんでいることが多い理由がわかったような気がしました。

それは決して面倒臭いからではありません。手抜きをしているわけでもありません。**パリジェンヌがすっぴんをさらけ出しても平気なのは、自分は自分、と気持ちよく割り切っているから**です。

その自信はどこから来るのかという話ですが、それはひとえに日々の努力の賜物《たまもの》です。**パリジェンヌはどんなに忙しくても自分と向き合うゴールデンタイムを死守**します。外側からだけでなく、内側から身体と心を潤す努力を惜しみません。そしてスキンケアだけではなく、いつでも「快適で幸せ」と思うことができるように、心のケアを怠りません。

パリジェンヌの強い自己肯定感は決して生まれつきのものではありません。毎日の積み重ねからきているのです。

Deuxième partie : S'assumer à la parisienne

フサフサ髪とサラサラ髪は比べても始まらない

そうは言っても、ありのままの自分をさらけ出すのはとても難しいことです。「自分に自信を持っている」と胸を張って言うことができる人、少ないと思います。劣等感が一切ない人など、この世の中に存在しないのではないでしょうか。パリジェンヌだって時には人を羨んだり、自信をなくしたり、劣等感を感じたりします。

私の最大のコンプレックスは長い間、ペシャンコの髪の毛でした。量が少ない上に、髪の毛一本一本が細く、後ろ髪も前髪もまっすぐなのです。サラサラと指の間から逃げてしまうので、まとめ髪にするのもひと苦労。どんな髪型にしてもあまり決まりません。

私は幼少期をイギリスで過ごし、6歳の時に帰国した後、地元の小学校に移るまでは、横浜のインターナショナル・スクールに数年通っていました。仲が良かった友達はフサフサの金髪が愛くるしいアメリカ人。西洋のおとぎ話から抜け出してきたような子でした。私の劣等感はそこから始まりました。「フサフサ髪いいな！」という単純な憧れが、彼女と自分を比べることによって、「自分の髪はペシャンコ！」という劣等感につながってしまったのです。

中高時代は同級生に呆《あき》れられながら、そして学校の規律を（こっそり）破りながら、せめても、と前髪にパーマをかけるという無意味な行動をとり、大学に上がった頃には長い髪をクリクリのソバージュ・ヘアにしていました。全く似合っていなかったことは言うまでもありませんが、その頃の私は、髪の毛がフサフサになれば、憧れの自分に近づくことが出来ると心から信じていたのです。

私と犬猿の仲にある同僚のファニーは、私が夢見るフサフサ髪をしています。ナチュラル・ウエーブが優美な弧を描き、うっとりしてしまうくらいです。その髪をファニーは時々手でクルクルとまとめ上げ、鉛筆を挿しておしまい。いとも簡単にシニヨン・ヘアに仕立て上げてしまいます。サラサラ髪の私にはどう転んでも真似できない技です。

そんなファニーがある日、

「このボサボサ髪、どうにかならないかしら」

とぼやいているではないですか。ファニーの悩みは湿気。雨続きだったその週、髪の毛のボリュームが増してしまい、手に負えない状態だというのです。極め付きにファニーは私を見ながら呟きました。

「いいわね、あんたは。一度でいいから、そんなサラサラな髪の毛になってみたいわ」

あの気の強いファニーがため息をつきながら、このどうにもならないペシャンコ髪が羨ましいと言うのです。ファニーだけではありません。上司のジュリエットでさえ、ある朝、いつものフサフサの金髪ではなく、まっすぐのサラサラ髪で現れました。突然のことで言葉を失っていると、彼女は、

「リサージュしてきたの！」

と得意そうです。聞くとリサージュとは、いわゆるストレートパーマのこと。

「私のは3ヶ月しか持たないけど、その間だけでもジュンみたいなサラサラ・ヘアよ！」

非の打ち所がない私の上司でさえ、嬉しそうにそう言うのです。

私のペシャンコ髪がパリジェンヌの憧れの的だったというのですから、唖然《あぜん》としてしまいました。考えもしなかったことですが、劣等感の根源だった、どうしようもなくまっすぐな黒髪が、実は私の一番の魅力だったのです。

「やっぱりこれが一番私らしいわね」

そう言いながらジュリエットは3ヶ月を待たずに2週間後、いつものフサフサ髪に戻っていました。ほっとした私が、

「やっぱりそっちの方がお似合いです」

と言うと、彼女は私のまっすぐな髪の毛を手に取りながらこぼしました。

「フサフサ髪とサラサラ髪、比べてみても始まらないものね」

その通りです。比べだしたらキリがありません。フサフサ髪とサラサラ髪。大きな目と小さい目。高い鼻と低い鼻。丸い顔と細い顔。世の中に同じ顔、同じ髪は一つとしてありません。人はそれぞれ。だから面白いのです。

人と比べることをやめ、自分と向き合ってみると、小さな発見がたくさんあります。そして**その小さな発見が積み重なると、自分に自信が出てきます。**厄介な劣等感というものが薄れてくるのです。

クルクルまとめて鉛筆で挿すだけのシニヨンは未だにできませんが、サラサラな黒髪は今では私のチャームポイントです。

chapter 3

Troisième partie :
Se débrouiller à la parisienne

悩みも愚痴もため込まない
パリジェンヌのワークライフ

Troisième partie : Se débrouiller à la parisienne

言い合ってナンボ。パリジェンヌの正しい仕事の進め方

ルイ・ヴィトンに入社して一通りの仕事を覚えた頃、シャンゼリゼ通りに位置する本店のリニューアル・オープニング・イベントを担当することになりました。当時、エッフェル塔やルーブル美術館と並んで「パリの観光三大名所」に挙げられていたルイ・ヴィトンの旗艦店《きかんてん》ですから、会社を挙げての一大イベントです。

工事経過をたどるドキュメンタリー番組の作成、各国メディアとの事前交渉、記者会見の準備、カクテル・パーティーの招待客リスト作成……。初めてのことだらけでしたが、ためらっている暇すらありませんでした。全て同時進行で切り回し、駆けずり回る毎日が始まりました。

数千人のゲストをお招きするのですが、旗艦店におけるカクテル・パーティーに招待される人、その後場所を変えてのアフター・パーティーに招待される人、両方に招待される

人と、ゲストによって招待枠が異なります。世界中のセレブや政治家も招待客に含まれますが、要人を呼び損ねたり、招待枠を間違えたりすると外交問題になるというのは大袈裟ですが、大騒ぎになってしまいます。

このような大規模なイベントが多いパリのファッション業界ですので、その道のプロが数多く存在します。イベント企画のプロ、ケータリングのプロ、そしてゲストさばきのプロ。その中でもプロ中のプロ、その道の達人達が応援に駆けつけてくれました。

気おくれしながらも、こちらは一応、外注業者を取りまとめる本社の人間ですから、そういう気概を見せてみるのですが、全く相手にされません。招待状のコンセプトやレイアウトが決まっていない時点で、ゲストさばきのプロ業者は、

「あんたのとこの会社は決済が遅いんだから、今のうちにとっとと封筒だけでも発注してちょうだい！　サイズと質はいつものね！」

と命令口調です。本末転倒なのですが、こちらは飛んでくる指示に応じるので精一杯。完全に丁稚奉公《でっちぼうこう》の見習いさんです。

何よりも驚いたのは、**外注業者同士の喧嘩が日常茶飯事なこと**。根回しなどの習慣がなく、お互いの道理を通すために直で言い争いを始めます。会議の流れを無視して、

「そんなことではうちのスタッフは動きが取れなくなる」

と文句を言い始める人がいます。すると、

「そこはうちの領域だから口を出してもらったら困る」

という返事がピシャリと飛んできます。

どちらも譲りません。取りまとめ役の私はドキドキ、ハラハラ。大勢のスタッフが関わるイベントは協奏曲のようなものですから、全てのプレーヤーの間で連携を取ることができなければ絶対に成り立ちません。折衷案《せっちゅうあん》を出してみるのですが、今度はその案が「的外れ」「役立たず」と批判の矛先《ほこさき》は私に向けられます。絶句している私にお構いなく、不協和音は延々と続きます。協奏曲どころではありません。

困ってしまった私は、どちらかの業者をプロジェクトから外すことを考えました。焦燥感から編み出した苦肉の策です。上司のジュリエットにそのことを伝えると、「ちょっと待った！」がかかりました。

「会議の度に言い争いが激しくて、雰囲気険悪なんです。ちっとも準備が進みません」

そう説明すると、上司は呆れたように言いました。

「言い争ってナンボでしょ。お遊びじゃないんだから」

「でも、このままではイベントに支障が出るかと……」

食い下がってみると、上司はいつになく厳しい口調で言いました。

「とことん言い合って最適な結論を出すのが彼らの仕事よ。それがプロってもんよ。あなたの仕事はそれを阻止することじゃなくて、誘導することでしょ」

「言い合いはとことんすべし」。このことをいち早く学んだことは、私にとって大きな収穫でした。

正しいと思ったら、クライアントだろうが、部下だろうが、真っ向から批判してくるのがフランス人です。批判されて気分のいい人はいません。けれども、それをかわしたり、逃げたりしていたのでは問題解決につながりません。批判を受け止めることができるか、できないか。ここが正念場なのです。

まずはきちんと相手の言い分を聞き入れること。それでも自分が正しいと思ったら、体裁《ていさい》を気にせず、相手に遠慮することもなく、こちらも思ったことを包み隠さずに言うこと。そしてなぜそう思うのか、きちんと説明し、双方が納得するまで心を割って話し合うこと。

日本という国に生まれ育った私達は、その場の空気を読んで相手の意図を汲み取ることが得意です。けれども、一歩外に出れば、空気を読むどころか、ガン無視する人だっているます。物の見方、考え方、そして時には価値観すら違う人間が衝突を避けていたら、一緒に仕事をすることはできません。

シャンゼリゼ店のオープニング・イベントは大成功に終わりました。息をつく暇もない当日、外注業者達の連携プレイは見事なものでした。衝突しながらも、決して譲歩せず、最良の結果を生み出していく。パリジェンヌ流の正しい仕事の進め方を学ぶことが出来た、私にとっては忘れがたいイベントです。

Troisième partie : Se débrouiller à la parisienne

なぜ心のドロドロをさらけ出すべきなのか?

世界一のブランドに勤めて一番良かったと思うのは、**揺るぎない向上心を植え付けられたこと**です。ルイ・ヴィトンは業界のリーダーですが、その座に満足するのではなく、リーダーにしかできないことを常に模索しています。**「可能性は無限大」**というのは、ルイ・ヴィトンの親会社であるLVMHグループの会長兼CEOのベルナール・アルノー氏が好んで使う言葉です。そんな会社に集まってくる人間も皆、無限大のパワーを持つ一流の人材です。

少なくとも入社して数年経った頃、私には周りの人間が皆、そう見えていました。どんな仕事でもやりこなし、それでも5週間のバカンスをきっちり消化する余裕を持つ幹部。素敵な配偶者と賢い子供達に恵まれ、それでいてヨガやエステに通って自分磨きを怠らないパリジェンヌ。無理難題を吹っかけられても解決先を見つける根性と行動力を併せ持つスタッフ。右を向いても左を向いても、キラキラ輝くスーパーマン、スーパーウーマンばかりでした。

そんな中、私はキラキラどころかドロドロでした。イベントに次ぐイベントで息をつく暇もない中、毎日仕事をしまくるのですが、評価されるどころか同僚からはうとまれていました。金髪美人のジュリエットが転職してしまった後、新しく外から入ってきた上司とは相容れず、険悪な雰囲気に。私生活では、数年前に籍を入れていたフランス人の配偶者といろいろ煮詰まってしまい、こちらは離婚を決意するも猛反対され、泥沼化。海外出張続きで時差ぼけの身体を労る時間も気力もなく、持ち前のアレルギーが悪化。

心身共に疲れがたまっていた私は、ある夜、仕事でカクテル・パーティーに出席している時、気絶してしまいました。かなり無理をしていたようです。精神のバランスが崩れる前に身体が危険信号を発してくれたのでしょう。大したことはなかったのですが、倒れた時に軽く頭を打ったため、救急車騒ぎになってしまい、精密検査のために救急病院に運ばれました。

真夜中の救急病院ほど心がすさむ場所はありません。警察に連行され、手錠をかけられたまま診察に来る人、震えが止まらず救急車で運ばれる老人、重度の火傷で担ぎ込まれる患者……。普段の生活とはかけ離れた光景が目の前に繰り広げられています。頭を打ったとはいえ、五体満足で無症状の私はもちろん後回し。数時間待たされることになりました。

（何やってるんだろう、私……）

自分のしていることの意味さえわからない私は疲れ切っていました。放心状態で薄暗い廊下のすみっこに座っていると、事情を聞きつけて駆けつけてくれた人がありました。意外や意外、いつも意地悪を言ってくるファッションＰＲのファニーです。彼女の顔を見た瞬間、急に心が締め付けられた私は涙をポロリとこぼしていました。

「今、離婚とかで、いろいろキツくて」

そう漏らすとファニーは、

「離婚は長丁場の戦いだから。無理したらダメじゃないの」

怒ったようにそう言うと、どすんと隣に腰掛けました。そして精密検査が終わる明け方までずっと一緒にいてくれました。

それまで知らなかったことですが、ファニーも実は離婚経験者。幼い子が2人いるシングルマザーです。その夜、ファニーは驚くほど赤裸々に自分の離婚話をしてくれました。離婚はする方もされる方も相当キツいこと。別れるには、交際を始める時の10倍くらいのパワーが必要なこと。まだ心の傷が癒《い》えていないこと。あんなに自信たっぷりに見えたファニーも自責の念に駆られる一人の女性だったのです。

仕事中に気絶までして大失態を犯した私ですが、ファニーのおかげでなんだかスッキリしていました。翌日職場に戻る頃には自分をさらけ出すことができるようになっていました。

「実は今、離婚とかで、いろいろキツくて」

そう打ち明けると、それまで心が通わなかった新しい上司も、遠巻きに見ていた同僚もすんなり心を開いてくれました。「私も」と、次々に苦労話を打ち明けてくれるようになりました。頑張りまくって根を上げない私こそ、皆の目には無限大のパワーを持つスーパーウーマンに映っていたのです。図らずも、そんな私は敬遠されていたのです。

ふたを開けてみると、**「キラキラなパリジェンヌ」もそれぞれに苦労を抱えながら生きている**ことがわかりました。自分に精一杯の私は、そんな当たり前のことが見えていなかったのです。障害者の子供を育てている人。幼少期に親戚から性的暴行を受けたため、今になってうつ病を発症している旦那のケアをしている人。癌が再発した親を介護している人。人生が次々に課す試練に本腰の人、逃げ腰の人。そこから生まれる複雑な感情に当惑する人、目を背ける人。手探りでドロドロになって戦っているのは、私だけではなかったのです。

心の中にある迷い、後悔、矛盾。私達はそれが「弱み」だと思ってしまいます。私はそれまで「弱みは決して見せてはいけない」と思って生きてきました。肩肘張っていれば強くなれると思っていました。ですが、それは間違っていたのです。

本当に強い人とは、自分の心に耳を傾けることが出来る人です。**自分の中にある葛藤を認め、心の傷をさらけ出すことが出来る人**です。そして**キツイならキツイと、正直に言うことが出来る人**です。

キラキラに見えるパリジェンヌの実態は、驚くほど自然体です。彼女達の秘訣は、**ドロドロを包み隠さずにさらけ出すこと**にあったのです。

Troisième partie : Se débrouiller à la parisienne

残業をやめてさっさと帰ったら仕事が飛躍的にはかどった

その夜、私はオフィスで一人、ポツネンと残業をしていました。

入社して3年過ぎた頃、私はPRマネジャーに昇進していました。いわゆる中間管理職です。仕事は加速度的に増え、世界中を飛び回っていました。現場を一切仕切らなければならないのに、部員や研修生の指導を任され、マネジメント能力を試されます。あらゆることを瞬時に切り盛りする判断力と行動力を問われながらも、幹部の意向をうまく汲み取る気遣いと機転を要求されます。苦労が多く、見返りが少ない。中間管理職が貧乏暇なしなのは万国共通です。それでも私生活が離婚騒動でゴタゴタな私は、仕事に全力投球していました。

そのせいか、「仕事がデキる」という評判が独り歩きし、広報部内外から仕事の相談を受けるようになりました。それを人望だと勘違いしていた私はなんでも聞き入れるので、知らないうちに自分の範疇《はんちゅう》でない仕事まで抱え込むようになっていました。気が付くと、空っぽのオフィスで残業をしているのは私だけ。見回りのセキュリティーのおじさんでさえ、「また君か」という顔をして帰っていきます。「仕事が楽しい」とはとても思えず、「しんどい」の一言でした。

驚かれるかもしれませんが、フランスでは残業ばかりする人を良しとしません。そんな社員は「要領が悪い」と見做《みな》されます。「これ見よがしに」仕事をして上司に気に入られようとしていると嫌味を言われたり、「そんなに勢い込んでどうするの」と煙たがられたりします。「仕事と私生活のバランスが取れていない人」、あるいは「家族も友達もいない変な奴」という表現さえ耳にしたことがあります。

こちらもしたくてしているわけではないので、さすがに「なぜ自分だけ」と考えさせられることになりました。中間管理職として仕事の荒波に揉《も》まれているのは私だけではありません。それなのに、残業仲間がゼロなのです。仕事を家に持ち帰る人もいません。

（自分は抱え込み過ぎなのだろうか……）

そんなことを考えながら、コピーを取りに薄気味悪いほど暗い廊下を歩いていたある晩、突然ミレイユと鉢合わせしました。そう、スケスケの服を平気で着る、あのミレイユです。ファッション・デザイナーの「ミューズ」との異名《いみょう》で名高いミレイユは、ルイ・ヴィトンの最新のコレクションに身を包み、いつになくドレスアップしています。

「あらお久しぶり。これから村上隆展のヴェルニサージュ（オープニング・パーティー）に行くのよ！」

相変わらず廊下中に響き渡る大声で話すミレイユです。コピー用紙を抱えている私を見て思うところがあったのか、ミレイユは突然、

「あなたも来る？」

と誘ってきます。驚くほど気さくです。

「アフター・パーティーもあるから、みんなも来るわ。いらっしゃいな！」

彼女の言う「みんな」とは、ファッション業界、そしてアート業界の友人なのでしょう。気が引けた私は、

「まだ仕事があって……」と断りかけた時、ミレイユが私をさえぎって言いました。

「あのねー、残業より大事なことってあるのよ」

（なんだろう。人脈作りをしなさい、と説教されるのだろうか……）

身構えていると、ミレイユは意外にもこう言いました。

「自分よ、自分。自分が楽しくなくちゃダメよ。ほら、行くわよ！」

結局私は資料を放り投げ、ミレイユにそのまま連れ出されてヴェルニサージュに顔を出していました。パリ随一のアート・ギャラリーには既に多くのパリジャン、パリジェンヌが詰めかけていました。すぐに取り巻きに囲まれたミレイユはそのままギャラリーの奥に消えてしまいましたが、私は久しぶりに仕事から離れ、いつもの仮面を取り外し、無名のゲストとしてとても楽しい夕べを過ごすことができたのでした。

それまで**「仕事より自分を優先する」という発想が全くなかった私**です。「そんな時間はない」と思っていたのですが、**「そんな時間」は作り出せる**ことがわかりました。味をしめた私はそれからというもの、パリのアート・ギャラリー通いを始め、一人さみしく残業するのをすっぱりやめました。すると、3つの収穫がありました。

まずは、残業をやめてさっさと帰るようになったら、仕事が飛躍的にはかどるようになったということ。就業時間が減ることによって仕事のアウトプットが減ったかといえば、全くその逆だったのです。エネルギーの時間配分が上手になり、仕事のメリハリが利くようになりました。効率が上がったのです。

次に、自分の担当外の案件をため込むことがなくなりました。会社にいる時間を最大限に有効活用するのですから、人のことまで構っていられません。一人芝居をやめても、舞台は幕を閉じることなく、何事もなかったように続いています。「自分がやらないと」と勢い込む必要はなかったのです。

そして最後に、これは大収穫でしたが、**あれほど「しんどい」と思っていた仕事が楽しくなってきました**。心に余裕が出来たのです。「自分が楽しい！」そう思うことが出来て初めて、「仕事が楽しい！」と思うことが出来るようになったのです。

自分を押し殺してまで仕事をする必要はありません。私のように「しんどい」と思っている人がいたら、まずは自分の時間を作ってみることをお勧めします。押し付けの人付き合いの時間ではなく、家族のための時間ですらなく、自分のための時間です。食べ歩きでも、観劇でも、一人カラオケでも、なんでもいいんです。それが見つかったら、思い切って会社より自分を優先させてみてください。

会社はたくさんの人が一緒に回していますが、自己ケアは自分にしか出来ないことです。自分をないがしろにしていると損するのは、他でもない、あなた自身です。

Troisième partie : Se débrouiller à la parisienne

ある程度テキトーでも結果オーライ。パリジェンヌの即戦力

なぜ私ばかり残業していたのでしょう。なぜフランスの会社にはさっさと帰る人が多いのでしょう。そしてなぜ、それでも会社が回るのでしょう。

私が残業をしていたのは、いろいろな案件を勝手に抱え込んでいたからということもありますが、実はそれだけではありません。もう一つ、私と同僚のパリジェンヌの間には決定的な違いがありました。それは、**私がいちいち細部まで詰めたがるのに対し、パリジェンヌは決して詰めない**ということです。私から見れば**かなり「テキトー」**なのです。

「そんなに詰めても仕方がないわよ」

銀髪の広報部長はそう言い放ちました。私がプレス・ツアーの計画書を提出した時のことです。招待され慣れている業界トップのファッション記者を満足させるのは至難の業で

す。しかも今回は100名ほどが参加する大規模なツアーです。一人一人に最良の体験をしてもらうために、私は滞在先における部屋割りから、朝食の内容、空き時間の市内観光まで、プログラムの細部を詰めまくっていたのですが、そんな資料に広報部長は目も通しません。

「それより、どのスタッフを連れて行くの。業者は誰なの」

その2点を確認しておしまいです。部長がそんな質問をしてきた理由。そして、パリジェンヌが詰めない本当の理由は後になってからわかりました。それはズバリ、詰める意味がないからです。

実際にプレス・ツアーに参加した記者やインフルエンサー達は、ホテルに着くなり勝手に部屋を交換してしまいました。朝食の時間だって守りやしません。私が綿密に練ったプログラムは朝から大幅にズレ込みます。現地の風味を堪能してもらおうと準備した朝食には口をつけず、「どこどこの有名なトーストが食べたい」と勝手にホテルを出て行ってしまう始末です。捜索部隊を派遣しなければなりません。

（これでプレス・ツアーは回るんだろうか……）

初日から冷や汗の私ですが、これが綺麗に回るから不思議なものです。**予期せぬ出来事が起こった時、パリジェンヌの同僚や部下は迅速機敏に対応し、さっさと解決策を**

見つけます。叡智《えいち》を絞り、持ち前以上の力を発揮します。**異様に腰が軽い**のです。

広報部長が「詰めても仕方がない」と言ったのは、このように**「予期せぬ出来事しか起こらない」ことを先読みしていたから**です。細部を詰めるのは労力の無駄。**大事なのは、危機管理態勢を整えておくこと。機転が利くスタッフを適材適所に配置すること**なのです。


パリジェンヌの即戦力には未だに驚かされます。いつもはダラダラの人も危機的状況に対面すると豹変《ひょうへん》します。そのフットワークの軽さがもっとも発揮されるのは、「フランスの国技」ともいわれるストライキが発生した時です。ストは、1789年のフランス革命以降、民衆が苦労して獲得した権利です。ですから、今でもストはしょっちゅう起こります。そして起こるとパリ中、時にはフランス中が大混乱に陥ります。交通機関は麻痺し、時には燃料の供給が滞り、学校が閉鎖されることさえあります。

通勤や出張に支障が出ると日本人の私はへきえきしてしまいます。迷惑を被るのですから、怒りだって湧いてきます。ところが、驚いたことに共感してくれるパリジェンヌはいませんん。誰もが「仕方がない」と肩をすぼめ、臨機応変に対応します。地下鉄が走っていなければ自転車を引っ張り出します。乗用車の相乗りをして助け合います。1時間くらいなら平気で歩きます。

フランス人がよく使う表現に「**Système D（システムD）**」というのがあります。Dは「Débrouiller（デブルイエ）」のD。**「なんとかする」という意味**です。交通機関が麻痺しても、なんとかする。飛行機をドタキャンされても、なんとかする。予定を覆されても、なんとかする。嘆く暇があったら、パリジェンヌは自力で解決策を見つけます。結果オーライならそれでいいのです。


何事も詰めすぎると、イザとなった時、膠着《こうちゃく》してしまいます。「予定と違う」「聞いていない」「前例がない」などとパニックになってしまうからです。マニュアルに固執し、シナリオに縛られていると、想定外の場面に対応することは出来ません。

仕事がシナリオ通りに進むとは限りません。人生だってそうです。敢えて断言しますが、人生は思い通りにいきません。予想外の出来事はたくさん起こります。危機は必ず訪れます。災難だってたくさん降りかかってきます。

そんな時、「こんなはずじゃなかった」と嘆いても仕方ありません。自分を責める必要もありません。後悔したって始まりません。行動あるのみです。

何もせずに「なんとかなる」こともあるでしょう。けれどもそれは、自分の人生を放棄しているのと同じことです。人の助けを待たずに自分で「なんとかする」。これがパリジェンヌです。

そして全て思い通りにならなくても、結果オーライなら人生、それでよいのです。

Troisième partie : Se débrouiller à la parisienne

仕事で成果を出すより ずっと大事なこと

今日のランチの相手は日刊紙の文化担当編集長。その道30年、有力なスポンサーがついた大規模な展示会でも平気でこき下ろすことで有名なベテラン記者です。その頃、ルイ・ヴィトンはアーティストとのコラボ全盛期でした。今でこそ、どのブランドもやっていることですが、当時はまだ、「純粋」なアート関係者からは「アートを商品化するなんてけしからん」「ファッション業界にアートの何がわかるというのだ」と嫌な顔をされることがたくさんありました。

コーポレートPRである私の目的は、編集長にルイ・ヴィトンが100年以上も前からアートの世界に携わっていることを説明すること。ファッションとアートという異業種が融合することによって生まれる魔法を理解してもらうこと。そしてもちろん、最新のアート・プロジェクトについて記事を書いてもらうことです。

今回のランチに私が選んだのは、本社の近くにあるこぢんまりとしたビストロです。ヴィー、ことヴィヴィエンヌというゲイの店長がこまやかな気配りをしてくれるため、私ばかりでなく、業界関係者に重宝されているレストランです。

チキンのシャンパン煮をつつきながらルイ・ヴィトンの歴史を説明し、相手の関心をそそろうとするのですが、全く反応がありません。こちらが必死になればなるほど、空回りしてしまいます。編集長を見送った後、私はカウンターでヴィーが用意してくれた薬を飲んでいました。胃が痛くなってしまったのです。

「あんた、ストレスため込みすぎよ！　身体に悪いわよ」

そうなのです。プレスとのランチは私の大きなストレスになっていました。もともと広報という職種を夢見ていたわけではありません。たまたま前職が在仏日本国大使館の文化広報担当であったため、流れに乗ってここまで来てしまった私です。「場違い感」はまだありました。

(自分はやはりPRに向いていないのかもしれない……)

そう落ち込んでいるところにヴィーがとどめを刺すように言いました。

「あの編集長、つまらなさそうな顔してたわよー」

苦笑していると、ヴィーはハーブ・ティーを注いでくれながら続けました。

「因果な商売ね、あんたも。何でも売り込まなくちゃいけないんだから。でもさ、あんたのところのファニーもよくうちに来るけど、いつも楽しそうに記者とランチしてるわよ?」

今ではすっかり仲良くなったファニーは、言われてみればとても愉快な顔をしてランチから戻ってきます。そして担当のプロジェクトは何でも記事にして結果を出しまくっています。翌週、私は彼女に頼んでランチに同行させてもらうことにしました。

ファッション誌のエディターとファニーは延々と脱毛の話をしています。最近行ったエステで試したレーザー脱毛が良くなかったこと。レーザーよりブラジリアンワックス脱毛の方がお勧めなこと。夏休みを控えた彼女達は自分磨きに余念がありません。食後のエスプレッソを飲み干し、席を立ちかけた時、ファニーは思い出したように言いました。

「そうそう、メールでプレス資料送ったけど、あの新製品、我が社ではめちゃめちゃ力を入れているのよ。ドカーンと記事にしてくれない?」

驚いたことに相手は快諾。1分で決着をつけたファニーです。

秘訣はどうやら、**信頼関係を築くこと**にあるようです。けれでも、競合が激しいこの業界、それだけでは記事になりません。ベテランでブリジット・バルドー似の同僚ソフィアのランチにも無理やりついていくことにしました。彼女に至っては、週刊誌のファッション担当記者相手に社内の噂話を暴露しています。相手も相手で、編集部内のゴタゴタを包み隠さず話しています。そしてランチも終盤に差し掛かった頃、ソフィアは単刀直入に切り出しました。

「このイベント、記事にならないと私、困っちゃうのよ。上司にどんだけ怒られるか。クビになるかもしれないわ。なんとかしてくれない?」

これまた1分で4ページの確約を取り付けたソフィアです。横でひどく感心していると、私がランチをストレスに感じていることを知っている彼女は呆れ顔で言いました。

「ため込むと身体に悪いわよ」

仕事の話をしているのかと思ったら、ソフィアはストレスの話をしていました。

「そんなことで胃を痛くするなんて、バカみたい! 自分を大事にしなくちゃ」

プリプリ怒っているソフィアは彼女なりに私のことを心配してくれているようです。

心の中で彼女に感謝しながら、私はそれからというもの、プレスとのランチの際、ソフィアのように**仕事はそっちのけで自分のぶっちゃけ話をするようになりました**。するとどうでしょう。相手も会社のゴタゴタ話、健康上の悩み、恋バナをしてくれるようになりました。記者に「友達」と呼ぶことが出来る人が増え、気が付くと面白いほど記事を書いてもらえるようになっていました。

仕事の成果が一気に出るようになったわけですが、それよりもっと大きな収穫がありました。それは意外や意外、**毎日が楽しくなってきた**ということです。ストレスや悩みを抱え込まず、自分をさらけ出すことを覚えた時、驚くほど爽快な気分になったのです。

飲み会や女子会など、気の置けない仲間との片時は心のコリをほぐす、大切な時間です。相手は家族でも、友人でも、職場の仲間でも、誰でも構いません。ゆっくり愚痴を聞いてもらい、一緒に笑ってもらってください。ぶっちゃけ話をしてください。**大事なのは、気兼ねをしないこと。取り繕わないこと。そして相手の話も聞いてあげること。**

ストレスをため込むのは身体によくありません。パリジェンヌはそのことをよく心得ているのです。

Troisième partie : Se débrouiller à la parisienne

嫌われたくないと思っている人は絶対に伸びていかない

PRマネジャーになって1年過ぎた頃、個室を割り当てられました。オープンスペースからの脱却です。けれども、一人静かに仕事に集中出来るようになったかといえばそうではありません。全くその逆でした。

ひっきりなしに誰かが私のオフィスに顔を出します。質問がある部員や研修生、要件がある上司ばかりではありません。カフェを飲むついでに噂話をしていく人。息抜きのために愚痴を漏らす人。人の悪口を言いに来る人。悪口を言われた怒りを発散しに来る人。まるで吹きだまりのようにいろいろな人が集まってきます。私も聞き役に徹するのではなく、ぶっちゃけ話をよくするようになっていたので、この頃には

「ジュンもすっかりパリジェンヌね！」

と言われるようになっていました。

そんなこんなで私のところにはたくさんの情報が入ってくるようになりました。ところが嘘も誠のように語られます。嘘をわざと吹き込む人だっています。それでもいろいろな人の話を聞いていると、だんだん嘘か本当かわかるようになってきました。誰が、何を、いつ言っていたのか。注意して分析してみると、物事の大体の真相が見えてくるのです。ルイ・ヴィトンのような大きな会社では、情報は宝です。

そんな時です。私の耳に入るよりも早く、私に関する情報をゲットした人がいました。

「ジュンがPRディレクター候補だって聞いたけど、それ本当?」

怪訝《けげん》な顔をして聞いてきたのは、同時期にマネジャーに昇進した同僚のソフィアです。ディレクターとは、マネジャーの一つ上の位。少数派しか行き着くことができない、誰もが狙っているポジションです。

言葉を失っていると、彼女はさらに、

「変な話よね。私の方が経験もあるし、実績もあるし。そんなはずないとは思うんだけど」

そう言ってニコリと笑います。曖昧《あいまい》な返事をして彼女をオフィスから追い出した後、別のPRからも、

「出世するんですって?　あなたが?」

と、質問とも言えない質問を立て続けに浴びさせられました。

さすがに気になった私は数日後、広報部長と一対一で会う機会があった時、

「こんな噂を耳にしたんですけど」

とさりげなく投げかけてみました。

「もう噂が回っているの？　全くやりづらいわね。時期を見てきちんと話そうと思っていたのだけど」

部長はあっさりと認めました。

「あなたにはPRディレクターになる素質があるわ。そのつもりでいてちょうだい」

数ヶ月前に外から入ってきた新しい広報部長のアナベルは、見た目こそケイト・モスですが、実は面倒見がよい、肝っ玉母ちゃんタイプの女性です。気が早い彼女は、

「波風が立つからすぐにというわけにはいかないけれど」

と前置きをしながら言いました。

「今からそういう気構えで振る舞いなさい。スポンと抜けた存在にならないとダメよ」

部長のオフィスを出た私は動揺していました。ディレクターに昇進してもいないのに、「そう振る舞え」とは一体どういうことか。**「スポンと抜けた存在になれ」**とは一体どういう意味か。全くわからなかったのです。

PR仲間に相談できることでもないので、私は部長のアシスタントをしている広報部のお局様のオフィスに駆け込みました。アネゴと呼んで私が慕っている彼女は、誰よりも口が固く、私がもっとも信用している人でした。私のオフィスが最近「吹きだまり状態」にあることをよく知っているアネゴは、歯に衣着《きぬ》せずに言いました。

「上に立つ立場になるんだから、もう同僚とつるむなってことよ」

腑に落ちない私は、つるんでいる意識はないこと、人が勝手に集まってくること、みんなとの雑談が情報収集に役立っていることを力説していました。メガネの奥から鋭い視線を逸らさずに私の言い訳を聞いていたアネゴですが、私が一通りのことを言い終わるのを待ってから言いました。

「ジュンは人が集まってくるのは人望だと思っているでしょ。そしてみんなに嫌われたくないって思っているでしょ」

図星です。返す言葉すらありません。パリジェンヌ呼ばわりされていい気になり、仲間との愚痴タイムを楽しんでいた私です。

「でもね、出世って選挙じゃないのよ。好かれたってどうしようもないのよ」

アネゴは少し声を和らげ、続けました。

「嫌われたくないって思っているうちは絶対に伸びないわよ。まだ出世は時期尚早ってことかしらね」

私のように「好かれたい」と思っていらぬ努力をしたり、「嫌われたくない」と思って周りに同調してしまう人、多いと思います。なぜそうしてしまうのかといえば、それは人の意見を絶えず気にしているからです。もっと言えば、自分に自信がないからです。

本当に人望がある人は、他人とつるむようなことはしません。人の悪口を言ったりしません。そして取り巻きを必要としません。

人は人、自分は自分。そう割り切ることができて初めて、人は伸びていきます。美しく輝いてきます。アネゴに喝を入れられた私は身が引き締まる思いでした。それでも私の手探りはまだまだ続くのでした。

Troisième partie : Se débrouiller à la parisienne

会社を辞めたい人が、辞める前に考えるべきこと

カウンターの端に座った私は肘をついてぼんやりしていました。温かいハーブ・ティーが胃に沁《し》みます。その頃、私は本社の近くにあるヴィーのビストロにしょっちゅう顔を出すようになっていました。ここに座っている時ばかりは私も一切取り繕わず、ありのままをさらけ出すことができるのです。貴重な時間でした。

アネゴに諭されて以来、同僚とつるむ機会は徐々に減らし、辛口トークで人をこき下ろすようなこともなくなりました。オフィスの吹きだまり感もだいぶ抜けてきました。それでもまだ、「昇進する気構えを持って振る舞いなさい」という部長の言葉の意味がわからず、自問自答を繰り返していました。

自他共に認めるディレクターになるために、みんなの信頼を勝ち取れという意味なのだろうか。今から実績を出せということなのか。いろいろ解釈してみるのですが、「言うは

易し」とはまさにこのこと。

噂が回りきる頃には、人望どころか敵が増えていました。私の本意を確かめに来る人。マウンティングをしに来る人。あからさまに敵意を見せる人。同僚に頼み事などできない雰囲気がしばらく続きました。胃もまた痛くなってきました。

昼時間のビストロは相変わらず業界人間で賑わっています。ヴィーはテーブルを回ってオーダーを取り、おなじみさん一人一人に声をかけながらも私の相手をしてくれます。

「で、昇進するの、しないの？」

言葉に詰まっていると、ヴィーはさらに突っ込みを入れてきます。

「煮え切らないわねー。ファッション業界ってほら、キツい女多いじゃない？　あんたももっとキツくならないとやっていけないわよ。人を蹴り落とすくらいの勢いで。ほら、見てごらんなさい」

振り向くと、連れと一緒にランチにやってきたミレイユが入り口で携帯に向かって何かわめいています。予約人数を間違えたアシスタントを叱り飛ばしているようです。

電話を切ってから客席の挨拶回りをしているミレイユを見ながら、私はふと思うことがありました。彼女こそ、「スポンと抜けた存在」という表現がぴったりの女性です。もっと言えば、ミレイユのためにあるような言葉です。

彼女のような人が出世していくということなのでしょう。スケスケの服を平気で着るミレイユを「かっこいい」「あんなふうになりたい」と常日頃思っていた私です。けれども、店内の顔見知りにろくに挨拶もせず、カウンターにひれ伏している私がミレイユのようになれるはずがありません。そのことは痛いほどわかっていました。別の人間になれ、と言われているようなものです。

見かねたヴィーはため息をつきながら言いました。

「でもあんた、本当は何がしたいのよ?」

核心を突かれた私は答えに詰まってしまいました。毎日に一生懸命で、そんなこと考えたこともなかったのです。本当は「何がしたい」のか全くわかりません。ですが、一つだけわかることがありました。それは**「したくないこと」**です。

そこまで無理をして出世したくない。ヴィーが言うような「キツい女」になりたくない。人を蹴り落とすような人間にだってなりたくない。ヴィーの店を出る頃には私は会社を辞める決意を固めていました。

何度も書き直した辞表を上司と人事課の担当者に手渡したその日の午後、社長室から電話がありました。呼び出しです。

当時の私はまだマネジャーでしたので、社長と会うのは、プレス・ツアーやイベントがほとんど。社長室に上がるのは、インタビューがある時、もしくは掲載記事に関するお咎《とが》めがある時くらいでした。何をやらかしたのか心当たりもなく、暗い気持ちで社長室の大きなドアをノックすると、カリスマ社長は「よく来たね」とソファーを勧めてきました。

腰をかけると、社長は間髪入れずに言いました。

「単刀直入に言おう。辞めないでほしい」

私のような中間管理職の社員に社長本人が気を回しているのです。驚きのあまり硬直している私に、いつもは冗談を飛ばす愉快な社長は真剣な顔で続けました。

「こちらで状況を改善できることがあったら遠慮なく言ってほしい。何でも希望が叶うとしたら、君は何がしたい？」

本当は何がしたいのか。ヴィーと全く同じ質問です。何か答えなきゃと焦るのですが、焦れば焦るほど頭の中は真っ白です。どうしよう、どうしよう。とっさに私はこんなことを口走っていました。

「ブランドの力を使って社会貢献がしたいです。チャリティーの仕事をやってみたいです」

言った本人がびっくりしていると、社長はひと言、

「いいだろう」

と言ってくれました。言ってみて初めて、自分が何をしたかったのか、何を求めていたのか、わかったような気がしました。

仕事にやりがいを感じることができない人。行き詰まりを感じている人。会社を辞めたいと思っている人。そんな人がいたらまず、自分が**「本当は何がしたいのか」**、考えてみるとよいかもしれません。それがはっきりしないうちは会社を替えても、職種を替えても、あまり意味はありません。

行き先も定めずに山登りをする無謀な人はいないでしょう。人生の山登りも一緒です。まずは腰を据えて、**自分が目指すべき場所**を定めましょう。

Troisième partie : Se débrouiller à la parisienne

自分なりの生き方を貫いている人のたった一つの特徴

社長に呼び出された翌週、私は会社に残る決意をしました。

社長が「オッケー」を出してくれたにもかかわらず、すぐにチャリティーの仕事をすることが出来たかといえば、そうではありません。私にはまだ、世界規模のプロジェクトを立ち上げるノウハウも人脈もありませんでした。コーポレートPRの仕事もまだまだやり残していました。チャリティーの仕事に専念することができるようになったのは、その数年先の話です。

それでも残る決意をしたのは、**今いる場所が将来的に「自分がやりたいことをできる場所」だと判断したから**です。そう思うと、**「やらされている感」が減り、仕事にやりがいを感じる**ことができるようになりました。

残る決意をした理由はもう一つありました。あの日、社長は私にこうも言ったのです。

「君のように日仏ダブル・カルチャーを兼ね備えている人材は貴重だ。会社は君を必要としている」

その時、私は涙が溢れそうになるくらい感動したのを覚えています。社長に

「君は変わる必要はない。そのままでいい」

と言われている気がしたのです。

入社してから私は仕事で日本語を使うことはありませんでした。特別日本に関する知識や人脈を問われることもありませんでした。日本人であるメリットを活用する機会は皆無だったのです。周りには日本人であることすら、忘れられていたかもしれません。

周りに受け入れられたい、溶け込みたい、認められたいの一心で頑張ってきた私は

「パリジェンヌらしくなったわね」

そう言われてその目的を達成したような錯覚に落ちていました。けれども、社長のおかげで私はとても大切なことを思い出しました。

私はパリジェンヌである前に日本人だったのです。そしてそれは誇りに思うべきことだったのです。

日本人である私には、私のやり方があるはずです。仕事の進め方、人との付き合い方、

自分との向き合い方。ファニーにも、ソフィアにも、そしてミレイユにすら出来ない、自分なりのやり方があるはずなのです。人真似をする必要も、別の人間になる必要も全くなかったのです。

自分は自分でいいのだということがわかった瞬間、私は広報部長が言わんとしていたことをやっと理解することが出来ました。

「スポンと抜けたわね！」

その話をした時、アネゴはとても喜んでくれました。ヴィーのビストロで一緒にランチをしていた時の話です。

「なんかフワフワして頼りなかったけど、ちょっとは腰が据わってきたんじゃない？」

ヴィーは彼なりの褒め言葉を投げかけてくれます。

「君はパリジェンヌでありながら、日本人だ。それは貴重なことだ」

そう指摘してくれた社長のおかげで、私は**自分の「軸」のようなモノ**を見つけることが出来たのです。自分という人間の大黒柱、と言った方がよいかもしれません。

それは、日本国籍があるとか、日本語ができるとか、そういう次元の話ではありません。

私の大黒柱とは、**日本人として生まれ育った自分の感性や価値観**です。世界のどこにいても、どんな環境に置かれても、どんな人生を送っていても決してブレることがない、私だけの個性です。外国で暮らしている私がもっとも誇りに思うモノです。

自分なりの生き方を貫いているパリジェンヌにたった一つ、共通していることがあるとすれば、それはこの大黒柱がしっかりしているということです。**自分だけの揺るぎない個性を持っていること**です。そんな彼女達は胸を張って我が道を歩いています。

自分の大黒柱、見つけてください。それは自分の中にあるモノです。自分がこれまで培ってきた大切なモノです。そして、人の目には明らかでも、自分では案外見えていないモノです。

見つけ方は人それぞれです。仕事を通じて見つける人。私のようにメンターの助けを得て見つける人。家業を通じて見つける人。子育てをしながら見つける人。人付き合いや趣味、スポーツを通じて見つける人もあるかもしれません。

大黒柱がしっかりしている家は、多少のことでは崩れません。自分も然りです。

chapter 4

Quatrième partie :
S'aimer à la parisienne

恋愛も我が道を往く
パリジェンヌ

Quatrième partie : S'aimer à la parisienne

パリジェンヌが恋人を掛け持ちするのはなぜ？

ルイ・ヴィトンのパリ本社に入社して6年目。離婚も成立し、晴れてディレクターに昇進した私は30代半ばに差し掛かる頃でした。ちょうど同じ時期に離婚を成立させたのが、友人でテレビ番組のコメンテーターをしているマリーでした。私と違うのは、彼女が既に子持ちということ。本人曰く「できちゃった婚」だったため、ちょうど7歳になる幼い娘を抱えていました。

久しぶりに一緒にランチをすることになったある日。私は「今日は聞き役に回ってあげよう」と朝から決心していました。マリーが離婚後、単身で子育てもしながら出張で飛び回り、さぞかし疲れているのではないかと心配していたのです。

現れたマリーはハツラツとしていました。お肌もツヤツヤです。コロコロとよく変わる

chapter 4

恋愛も我が道を往くパリジェンヌ

笑顔がキュートな彼女は、注文を取りにきたボーイさんを釘付けにしています。マリーはそんな彼には目もくれず、メニューを長々と吟味しています。

よくよく考えて注文したのは山羊のチーズ付きサラダ、オニオン・スープ、そして生ハムの盛り合わせです。前菜、メインと一品ずつオーダーするのがフランス人の常ですが、マリーはそんなのお構いなしです。幾つもの前菜をオーダーするのが彼女のスタイルです。

運ばれてきたミネラル・ウォーターを飲み干しながら、マリーは一気に話し始めました。先週、新しい彼ができたこと。離婚経験者のステファンは10歳年上のアーティストで料理が上手なこと。いつも自宅で家庭料理を振る舞ってくれ、そのまま一緒にベッド・インをして一夜を明かすこと。地味な見た目に反して、実はびっくりするほど情熱的なこと。

弾丸のように喋り続けるマリーを見ながら私は思わず呟いていました。

「心配して損したわ。シングルマザーになって苦労しているのかと思ってた！」

「そりゃ、いろいろ切り回すのは大変だけど……」

ちっとも大変じゃなさそうなマリーは続けました。

「今が一番最高！　恋愛の醍醐味は離婚してからっていうけど、本当ね」

「離婚してから始まる」というのは、私も経験者にさんざん聞かされてきた話です。私自身、ボーイフレンドと呼べる人はいましたが、まだまだマリーのように積極的に恋愛を謳歌する気分にはなれませんでした。

「じゃ、前に話していた彼、ピエールだっけ？　あの年下の彼は振っちゃったの？」

サラダを頬張るマリーにそう差し向けると、マリーは即答しました。

「振っちゃいないわよ。キープしてるわ」

ピエールには私も一度だけ会ったことがありました。音楽学校に通うピエールは、マリーの娘のピアノの先生です。

「指使いがすごいのよ！」

そう言うマリーが褒めるのはピアノの才能ばかりではなさそうです。

「その新しいステファンのこと、ピエールにバレたりしないの？」

そう尋ねるとマリーは悪びれもせずに言いました。

「それがこないだバレそうになって焦ったわ。ステファンのところから朝帰りした時、彼のワイシャツを着たままうっかりデートに直行しちゃったのよ。ウイリアム、変な顔してたわ」

さすがの私も話についていけませんが、何のことはない、ウイリアムとはマリーの3人目の彼氏です。そう、マリーは3人の恋人を掛け持ちしているのです。

ステファンと出会う少し前に出会ったウイリアムは、名の知れた映画プロデューサー。

chapter 4

恋愛も我が道を往くパリジェンヌ

文化関連のテレビ番組の司会を務めるマリーは、彼のおかげで「いろいろなコネが出来た」と満足そうです。

私は先ほどから気になっていたことを単刀直入に聞いてみました。

「でも、どうして3人も同時並行なの？　大変じゃない？」

マリーは生ハムに舌鼓を打ちながら言いました。

「それぞれに役割分担があるの。今の私にはみんな必要なのよ」

ステファンはマリーに安らぎを与えてくれる人。ピエールは母性本能をくすぐってくれる人。ウイリアムは仕事の面でいい影響を与えてくれる人。必要に応じて使い分けていると言うのです。

「1人の旦那より3人の恋人よ！」

そう叫ぶマリーに、レストラン中の女性客が拍手喝采を浴びせるのでした。

掛け持ちはマリーに限ったことではありません。同僚であれ、学生時代の友人であれ、私は離婚後に「掛け持ち恋愛」をするパリジェンヌを何人も見てきました。

なぜ掛け持ちをするかといえば、まずは一人に束縛される結婚に失敗した反動、という比較的わかりやすい理由があります。けれども、どうもそれだけではないようです。マリーが掛け持ちをするのは、ただ単につまみ喰いをしたいからではありません。

食事のメニューを選ぶ際、マリーはオススメの「今日の一品」を注文したりしません。人と同じものを頼むなんてこともありません。**彼女は時間をかけ、「自分が必要としているもの」を選び抜きます。**

消化酵素の働きを助ける生野菜のサラダ。冷え性の身体を温め、血行を良くしてくれるオニオン・スープ。そして、ちょっと羽目を外して、大好きな生ハムの盛り合わせ。選ぶ基準はいつだって自分です。

恋人選びにもマリーは同じ手法を使います。育ちや学歴、収入は全く顧みず、**「自分が最も必要としている人」を探し出します。**そしてそのための労力は惜しみません。離婚していようが、シングルマザーだろうが、忙しかろうが何だろうが、積極的に恋人を探します。その結果、時にはお手つきをしたり、3人掛け持ちになったりしてしまっても、それはそれでオッケー。全然オッケーなのです。

掛け持ちをするマリーは決して浮ついているわけではありません。案外、冷静沈着なのです。

Quatrième partie : S'aimer à la parisienne

恋多き女のアドバイスは「アンテナはいつでも張っておけ」

非常にお盛んなマリーですが、一体全体、どこにそんな素敵な出会いがあるのでしょう。フランス映画のように、カフェに座っている時にでも声をかけられるのでしょうか。出会い系サイトにでも登録しているのでしょうか。不思議に思って聞いてみると、

「どこにでも転がっているわよ、出会いなんて」

というのがマリーの答えでした。


映画プロデューサーのウイリアムと知り合ったのは、疲れてボロボロだったある夜、勤めているテレビ局の廊下にある自動販売機コーナーです。娘のピアノの先生であるピエールはお母さん仲間から紹介を受け、アーティストのステファンと知り合ったのは、なんと近所のクリーニング屋さん。長蛇の列に痺れを切らして文句をつけていた時に意気投合したのが、前に並んでいたステファンだったということです。

「私にはそんな出会い、全然ないわー」

ため息交じりにそう呟くと、マリーは私が気が付いていないだけだと言います。そして**誰にでも、いつでも、どこでもそういう出会いは訪れるもの**だと力説します。

本当にそんな素敵な出会いが誰にでも訪れるのでしょうか。気になった私はその後、オフィスの同僚にも「出会い話」をしてもらうようになりました。ファッションPRのファニーが離婚後、新しい彼と出会ったのは、娘のスイミング・スクールだと言います。待合室で同じように暇を持て余していたバツイチのお父さんと会話を始めたのがきっかけでした。研修生で20代のクレアは、毎朝ジョギングをする公園で声をかけられ、それ以来その彼と一緒に走るようになったそうです。今では同居していると言います。

広報部長のアナベルが生涯の伴侶と出会ったのは40代になってから。それまで結婚願望が全くなかった彼女は週末のマルシェでよくすれ違う男性と数ヶ月間会話を交わすうちに親しくなり、ランチをする仲になったのが始まりということです。

いずれもマリーの言う「どこにでも転がっている出会い」に違いありませんが、私にはまだ腑に落ちないことがありました。スイミング・スクールに娘を迎えに行ったファニー、汗だくでジョギングをしていたクレア、そして週末に買い出しをしていたアナベルですから、日常生活の至って平凡な場面で出会いを経験していることになります。

そういう場面の自分を想像してみるのですが、とても声をかけたくなるような自分ではありません。そんな場面が恋愛につながるとは、とても考えられないのです。

そうマリーに言うと、彼女は呆れ顔でこう言いました。

「アンテナを張っていないからよ！」


フランス人は合コンをしません。お見合いもしません。出会い系サイトで生涯の伴侶に出会ったなどという話もあまり聞いたことがありません。

それでもパリジェンヌが素敵な出会いに事欠かないのは、**出会いが誰にでも、いつでも、どこでも起こるものだと心から信じているから**です。そして**その一瞬のチャンスを決して見逃さない努力をしているから**です。

「そりゃそうよ、いつ声かけられるかわからないじゃない」

ファニーはそう言います。

「マルシェとか、そういうところにこそ、いい男が隠れているものよ」

そう勢い込むのはアナベルです。

受け入れ態勢が出来ていなければ、いい人と出会ってもその機会を逃してしまうことになります。パリジェンヌがパン屋さんに行くのでも、地元のスーパーに行くのでも、決して汚い恰好をして行かないというのは有名な話ですが、それはいつもマリーが言うように「アンテナを張っている」からなのです。

みんなに叱咤激励を受けた私は、それからというもの、いつでもアンテナを張るようになりました。

「今日こそ出会いがあるかもしれない……」

そう思うだけで、不思議と背筋が伸び、楽しい気分になります。どこへ行くのにも身だしなみに気をつけるようになり、自然と笑顔にもなります。

するとおなじみのパン屋さんでよくすれ違うイケメンのパリジャンと仲良くなりました。カフェに座っている時に声をかけられるようにもなりました。

気分はすっかりパリジェンヌです。

Quatrième partie : S'aimer à la parisienne

自分を演出しなくてもよい相手を見つけなさい

その後も「出会い話ネタ」は大活躍してくれました。特に長々と続くディナーの席で、何度「出会い話」に助けられたかしれません。

着席形式のガラ・ディナーはフランスの上層社会では大事な社交の場です。限られた人しか出席することができない華やかな場でもあります。ルイ・ヴィトンでは、お店のオープニング・イベントやファッション・ショーの際、あるいはチャリティー目的でそのようなディナーを催し、ゲストを招待します。

広報部の私はそのイベントの裏方なのですが、イベント当日は着飾っていかなければなりません。なぜなら、ディレクターのような立場になると、席の「穴埋め」をすることが多いからです。

「穴埋め」とは文字通り、招待客がドタキャンしたことで円卓のテーブルにあいてしまった席を埋めることです。要人が座っているテーブルに穴があくことはみっともないとされており、そんな時が我々の出番です。

招待客がほぼ着席し、ディナーの給仕を開始する数秒前のタイミングでテトリスのように「穴埋め」をします。スタッフが隣に座ると、当然のことながら招待客はあまりいい顔をしませんが、そこがPRの腕の見せどころです。

お客様に最高のひと時を過ごしてもらうように、ご機嫌をとり、話を盛り上げなければなりません。その日、私は宝石商だという初老のムッシュと、フランスでは名が知れた舞台演出家のマダムの間の「穴埋め」をしていました。

初老の紳士は反対側に座っている女性との会話に夢中だったため、彼はさておき、私は舞台演出家のマダムの「ケア」に専念することにしました。案の定、彼女はつまらなそうな顔をしています。

一通り社交辞令を交わし、彼女の舞台の話を聞き、会話が途切れた頃、私は「再婚相手も会場に来ている」という彼女に早速「出会い話」を差し向けてみました。滅多なことでは驚かなくなっていた私ですが、その時彼女がしてくれた話はかなりの衝撃でした。お相手の方は「煙突掃除屋さん」だと言うのです。

メリー・ポピンズの世界でしか見たことがない、「煙突掃除屋」という職業が健在だということも驚きでしたが、その彼はホームレスだったというのですから、呆気にとられてしまいました。

実際は路上生活者だったわけではなく、友人の家を転々としていたらしいのですが、彼女はそんなことはしばらく知らなかったようです。自宅の暖炉掃除をしに彼がやってきた時、彼女は3度目の離婚を経験し、人間不信に陥っていたと言います。

そんな時、パキスタン系の移民で大きな目が魅力的な彼はさりげなく自分のことを気遣ってくれたといいます。離婚相手に罵倒され続け、心が裂けそうなっていた彼女はそんな彼に心を許し、台所でエスプレッソをご馳走したのでした。

マダムはディナーの間、エスプレッソを飲みながら初めて二人で交わした会話から、その後の再会に至るまでの経緯を事細かに話してくれました。デザートが下げられたタイミングで席を立とうとした私ですが、話はまだまだ尽きません。日頃から喋り足りなかったのでしょう。無理もない話ですが、「そんな男を抱え込んでどうする」と激怒した子供達や親戚はあまり話を聞いてくれないそうです。

さすがに私も「ホームレスの煙突掃除屋さんと一緒になる」という話は聞いたことがあ

りませんでしたが、「最良のパートナー」をやっと見つけることが出来たと言うマダムの話を聞いていると、こちらまで嬉しくなってしまうのでした。

その頃、出会いは増えても、関係があまり長続きしないのが悩みだった私は、幸せそうなマダムに思い切って質問をぶつけてみました。

「最良のパートナーを見つける秘訣って、ズバリ何ですか？」

マダムは即答しました。

「自分を演出しなくてもよい相手を選ぶことよ。それだけよ」

舞台演出家の彼女がそう言うのですから、私は感心してしまいました。

私達は「好かれたい」と思う時、何かしらの自己演出をしてしまいます。好きな人の前で可愛らしい女性を演じてみたり、清楚な雰囲気を醸し出したりします。一緒になってからも、いいお嫁さんぶってみたり、聞き分けのいい女を演じることだってあります。

舞台演出の目的は一定の期間だけ、人を釘付けにすること。**「舞台演出も、自己演出も、長くは続かない」と言うのがマダムの持論**です。そして無理をし続けていると擦り切れるのは他でもない、自分だと言います。

「自分を丸ごと受け止めてくれる人をお探しなさい。一緒にいて、自分が一人でいる時よりも、はるかに自分らしくいられる相手を見つけることよ」

自分が一人でいる時より、もっと自分らしくいられる相手。自分らしさを引き出してくれる相手。

（そんな人がこの世の中に存在するのだろうか……）

ぼんやりそんなことを考えている時、マダムの肩にそっと手をかける人がいました。旦那様です。

話に違《たが》わず、大きな目が魅力的な紳士でした。手をしっかりつないで帰る夫妻を見送りながら、私はお二人の姿が見えなくなるまで、いつまでも、いつまでも、手を振り続けていたのでした。

ブライダル雑誌を読まないパリジェンヌ

Quatrième partie : S'aimer à la parisienne

「この夏、結婚することになりました！」

満面の笑みでそう報告するのは、研修生のクレアです。彼女は私のようにパリに憧れて留学して以来、住み着いてしまったスコットランド人です。そしてお相手は、ついこの間、「公園でジョギングをしている時に声をかけられた」あの彼です。電撃結婚です。

「おめでとう！」

そういう祝福の声が飛ぶかと思いきや、周りのパリジェンヌの反応は至って冷ややかです。

「マジで？　なんでまた？」

「結婚？　いまどき？」

クレアはキョトンとしています。そう来るとは思ってもいなかったのでしょう。パリジエンヌ達はそんな彼女に構わず、勝手に結婚談議を始めてしまいました。

「若い時ってさあ、純愛願望なのよね」

「一生寄り添う、っていうのに憧れちゃうのよ」

「でもわざわざ結婚することなくない？」

当のクレアはすっかりかやの外。かわいそうなので、

「どこで式を挙げるか、決めたの？」

そう聞くと、彼女は嬉しそうに答えました。

「彼がプロバンス出身なので、そこで式を挙げたいんです！　夏休みにすれば、スコットランドの親戚もみんな来れるし」

目をキラキラさせながら、彼女はバッグから雑誌を引っ張り出しました。ブライダル雑誌です。その途端、オープンスペースの空気が変わったのを私は見逃しませんでした。周りのパリジェンヌがドン引きしているのです。

なぜなのでしょう。その理由は幾つかあります。


まずは、結婚に対する憧れが全くないということが挙げられます。女性の社会進出が進んでいるフランスでは、自立した、そして自立に固執する女性が多いのです。

「お嫁さんになりたい！」

「彼の奥さんになりたい！」

などと考えるパリジェンヌはまずいません。**結婚に対する執着が少ない**のです。結婚は利害関係を考えて「お互いに決めること」という意識が強く、結婚後、苗字を変える女性も滅多にいません。

もう一つの理由として、**結婚の他にも選択肢がある**ことが挙げられます。１９９９年に制定された「ＰＡＣＳ（連帯市民協約）」は、成年に達した同棲カップルなら誰もが、市役所で取り交わすことが出来る契約です。共同生活を営む上で、税制や家族手当などの面において結婚と同等の権利を得られるため、導入されて以来特に女性に人気があるシステムです。

会社の部下にも、このＰＡＣＳを結んだ人が多いのですが、彼女達は口を揃えて、

「お手軽でよい」

と言います。契約破棄も、離婚とは比べ物にならないほど簡単に取り進められるのです。

パリジェンヌにとって**結婚は「しなくてはいけないもの」ではなく、「しなくてもよいもの」**です。選択肢の一つでしかないのです。ブライダル雑誌にかじり付くパリジェンヌがいないのも無理ありません。

もちろん、それでも結婚式、特にウエディング・ドレスを夢見るパリジェンヌはいます。田舎のシャトー等で行われる結婚式に私も何度も招待されました。やるとなったらパリジェンヌは盛大な結婚式を挙げます。前夜祭に始まり、教会での式、夜のディナーとアフター・パーティー、さらには翌朝のブランチと、3日間かけて「これでもか」というくらいのお祝いをします。

それでもブライダル雑誌の類を手に取ることはありません。その理由は、**パリジェンヌが決して人真似をしたがらないから**です。雑誌に出ているウエディング・ドレスなんて着たくもない。人が先に式を挙げた場所なんて使いたくもない。そんなものには見向きもせず、こだわりまくって唯一無二の結婚式を企画します。

嬉しそうに結婚の発表をしてくれたクレア。それ以上パリジェンヌ達のえじきにならないように、私は彼女をオープンスペースから引っ張り出し、カフェに誘い出しました。何気なくプロポーズについて聞いてみると、意外な返事が返ってきました。

「この人だっていう確信があったんです。だから、私からプロポーズしました」

案外パリジェンヌなクレアです。私は彼女の婚約を心から祝福してあげました。

Quatrième partie : S'aimer à la parisienne

それでもゲイ・カップルが結婚にこだわる理由

クレアの結婚式はとても心温まるものでした。駆けつけたクレアの家族や友人が一堂に会し、スコットランドのバグパイプがプロバンスの空に鳴り響く様子は圧巻でした。とびっきりの笑顔のクレアが教会の祭壇に現れた時、思わず涙ぐんでしまったパリジェンヌは私だけではありません。

パリに戻った翌日、思いもよらない人から結婚式の招待状が届きました。ルイ・ヴィトン本社のすぐ近くにあるビストロの名物オーナー、ヴィーからです。驚いた私は真相を確かめにその足ですぐさまビストロに駆けつけました。ヴィーに彼氏がいることすら知らなかったのです。

「最近知り合ったのよ。うっふっふ」

chapter 4

恋愛も我が道を往くパリジェンヌ

お店を閉めかけていたヴィーはハーブ・ティーを入れながら、ニタニタしています。

お相手は名の知れた実業家です。事業を次世代に譲り渡す決意をしたその彼がリタイアするタイミングで結婚し、コルシカ島にある彼の豪邸に移り住むことに決めたと言うのですから、私は仰天してしまいました。

「移り住むってどういうこと⁈　このビストロ閉じちゃうの？」

「あら、喜んでくれないの？　玉の輿よ！」

喜ぶどころか私は意気消沈していました。ヴィーのビストロはルイ・ヴィトンに入社してからずっと、私の憩いの場でした。心のオアシスでした。ヴィーに愚痴を聞いてもらい、彼と辛口トークをしていると、どんなに辛いことでも笑い飛ばせるようになるのです。肩を落としている私を見てヴィーは気の毒に思ったのか、少し真面目に説明してくれました。

「アタシももうすぐ60歳よ。この仕事好きだけど、最近足腰がきついのよ」

ショックが少しばかり和らいできた私ですが、それでもまだ納得がいきません。

「でも、今さらなんで結婚なの？」

畳み掛けるように言いました。

「早まっちゃダメよ。パリジェンヌのヴィーがコルシカで隠居なんて似合わないわよ！絶対に退屈よ！」

噂話が大好きなヴィー。嫌な奴はこき下ろすヴィー。そのくせ、人の世話を焼くのが好きなヴィー。そんな彼が田舎でのんびり老後生活を過ごしている図など、想像したくもありません。私は必死でヴィーを止めにかかりました。

私の勢いに押されたのか、彼は頼みもしないのに日本製のウイスキーをグラスに注ぎ、珍しく私の隣に座り込みました。長年の付き合いでしたが、こうしてヴィーとカウンターで肩を並べるのは初めてのことです。

「アタシさ、小さい頃から結婚に憧れてたのよ。でも、自分はフツーじゃないってこともわかってた」

長年ゲイだということを、親にも、友達にも隠してきたヴィー。割り切れるようになったのは大学生の頃だと言います。それでも、「フツーの人」のように「フツーの結婚」をしたいという願望は小さく折り畳み、胸の奥底にしまい込んできたのです。

1999年のPACSに次いで、同性婚がフランスで法制化されたのは2013年のことです。男性同士でも、女性同士でも結婚をすることが出来るようになったわけですが、それ以前は同性愛者同士の結婚なんて、夢のまた夢。「LGBTQ+」という言葉すら存在しなかった時代です。ヴィーは長い間、ゲイというだけで「フツーじゃない人」というレッテルを貼られて生きてきたのです。

深いため息をつき、彼は続けました。

「この機会を逃したら、もう結婚出来ないわ。この歳で、この面下げてるんですもの」

口が悪いヴィーですが、実はコンプレックスの塊なのです。

「このビストロに骨を埋《うず》めることになっちゃうわ。そんなのって、虚しいじゃない？」

そう言われてしまうと返す言葉もありません。私はウイスキーをグッとあおり、泣きそうになるのをグッと我慢しました。ここはどうしたって、そんなヴィーを祝福してあげなければなりません。背中を押してあげなければなりません。

結婚をする、しない。子供を産む、産まない。仕事を続ける、続けない。女性として、社会人として、私達は人生の節々でいろいろな選択を迫られます。どちらを選ぶかは個人の自由……のはずですが、実際はそうはいかないことが多いのが現状です。家族や会社、世間の重圧によって、どちらかを選ぶことを余儀なくされることだってあります。自分なりの生き方を貫くのは、決してたやすいことではありません。かなりの覚悟を必要とします。

けれども、もっと大変な思いをしている人がいるということを頭の片隅に置いておくとよいかもしれません。ＬＧＢＴＱ＋の人達にとって、この世の中はまだまだ生きづらいところです。日本を含め、多くの国では、同性愛者に未だに結婚という選択肢すらありません。

ヴィーが結婚に踏み切ることは、**「私はこういう人間です」と胸を張って主張すること**に他なりません。それがどれほど勇気がいることか。どれほど意味のあることか。そのことを私はやっと理解することが出来たのです。

「あんたも誰になんと言われようが、**憧れの人生を手に入れなさい**」

そう言うヴィーの少し寂しそうな横顔を見つめながら、私はこはく色の液体を一気に飲み干したのでした。

Quatrième partie : S'aimer à la parisienne

四半世紀の恋愛を成就させたお局様が教えてくれた極意とは

ヴィーのビストロが閉じてからというもの、「ランチ難民」になった私は、本社付近のレストランを転々としていました。パリジェンヌにとってランチはとても大事な時間です。「その辺でテキトーに」と妥協することはありません。けれども、どこも帯に短し、たすきに長し。常連になりたいような「ここ」という場所は見つかりません。

そんな時、アネゴが路地裏にある寂《さび》れたビストロに案内してくれました。私だったら素通りしてしまうような、ちょっと陰気な外観です。重い扉を押し開き、空いている席に着こうとした時、

「案内するまでそこで待っていて！」

ピシャリと一声が飛んできました。オーナーのマダムです。こっちは客なのに、と思い

つつも逆らうことができません。やっとのことで席に着くと、

「今日はスズキのグリルがオススメよ。それにしておきなさい」

と相変わらず命令口調です。

「この人、怖いのよ。でも安心して、とっても美味しいから」

アネゴがそう囁くので私は思わず吹き出してしまいました。

「怖いって、あんなの、序の口よ。私が入社した頃のアネゴはもっと怖かったわよ！　決裁取りに行くのもかなり勇気がいったのよ」

アネゴは口を開けて笑いながら言いました。

「あの頃は余裕がなかったのよ。広報部長がコロコロ代わる時代だったじゃない。一杯一《いっぱいいっ》杯《ぱい》だったのよ」

今ではすっかり仲良くなったアネゴは私の良き理解者です。恋バナが好きでよく聞いてくれます。付き合っている彼と膠着状態にあること。こちらが執着すればするほど、向こうが逃げ腰なこと。自分が一人芝居をしている気がすること。そんなことを愚痴っていると、アネゴは、

「追いかけちゃダメよ」

と言います。あまりに意外なアドバイスなので、

「じゃ、もう見込みはないってこと?」

そう聞き返すと、カリカリに焼けたスズキのグリルを賞味していた彼女は口を拭き、水を一口飲んでから言いました。

「そうじゃないわよ。男って追いかけられると逃げるものよ。でも、逃げられると追いかけたくなる。そういう生き物よ」

私は食べるのも忘れてしばらくアネゴを見つめていました。そういえば、彼女の恋バナを聞いたことがありません。小柄で優しそうな旦那様に一度お会いしたことがあり、高校生の娘が一人いることは知っていましたが、それ以上のことは何も知りませんでした。そこで私は彼女に「出会い話」をしてもらうことにしました。

アネゴがその人に出会ったのは25年前。地元の市役所でボランティア活動をしている時でした。一目惚れだったと言います。相手は代々市長を務めている政治家の一家の次男坊。既に妻子持ちだったと言いますから、完全に不倫です。

どちらかというと地味で質実剛健、色恋沙汰とは無縁に見えるアネゴですから、私は驚いてしまいました。彼女はしばらく不倫関係を続け、娘を授かった時には一人で育てる覚悟で婚外出産を決意したと言います。そして、小さな地元の街でのスキャンダルを避けるため、まだ小さい赤ん坊の娘を連れて単身でパリにやってきたということです。住む家や生活資金は不倫相手が何から何まで手配してくれたと言います。

「別に頼んだわけじゃないのよ。私は縁を切るつもりだったの」

パリへの出張が多い彼は愛人を囲い、二重生活を始めたわけです。アネゴにとっては「幸せと辛さが半々」の毎日が始まりました。

「何が一番辛かった？」

そう聞いてみると、「バカンスの時期」という答えが返ってきました。長いバカンスの間、家族孝行をするのがフランス人の常です。その時ばかりは家庭を優先して地元に帰る彼に、アネゴは何度も別れを切り出したと言います。自分のことは我慢ができても、娘が可哀想で仕方がなかったと言うのです。それでも、彼はあの手この手を尽くし、「もう終わりにしましょう」と言うアネゴを引き留めたと言います。

一通りの話を聞いた私は、すっかりアネゴを見る目が変わっていました。25年もの間、相手を夢中にさせてきたと言うのですから、爪の垢でも煎じて飲みたいくらいです。感心している私に彼女はそっと恋愛の極意を教えてくれました。

追いかけるより、追いかけられること。

尽くすより、尽くされること。

こちらから決して折れないこと。

迷いがあったら、何もしないこと。

歯を食いしばって待つこと。


「石の上にも三年」と言いますが、アネゴの場合は不倫の上にも四半世紀です。地元における名誉や権益といろいろなしがらみがあった彼ですが、やっとのことで決着をつけ、去年離婚が成立したと言います。

「来年、籍を入れようね、って言われたの。娘がもうすぐ家を出ていってしまうでしょ。これからは二人でゆっくり歳を重ねていこうねって」

アネゴが結婚していなかったという事実にも驚きましたが、今さら籍を入れるというのにもびっくりしてしまいました。けれども、彼女の乙女のような笑顔を見ていると、こちらもなんだか目頭が熱くなってしまうのでした。

クレアに、ヴィーに、アネゴ。私の周りはなぜか結婚ラッシュです。

「なんでみんな、結婚しちゃうのよ～」

そう愚痴りながら怖いマダムのビストロを後にした私は、まさかその1年後、自分もその仲間入りをすることになるとは夢にも思っていませんでした。

パリジェンヌ直伝の恋愛指南のおかげでしょうか。**自分を丸ごと受け止めてくれる相手との思いがけない出会い**があったのです。**自分が一人でいる時よりも、遥かに自分らしくいられる相手**だと確信することができた瞬間、私は結婚に踏み切っていました。電撃再婚です。

chapter 5

Cinquième partie :
Élever un enfant à la parisienne

キャリアと子育てを
両立させるパリジェンヌの秘訣

Cinquième partie : Élever un enfant à la parisienne

産後にパリジェンヌがみんなしている意外なこと

ラグジュアリー・ブランドの世界に飛び込んで以来、私は幾つもの修羅場を潜り抜けてきました。出張でレバノン、キューバ、イースター島と、予想外の場所を訪れ、世界各地でいろいろな価値観の人と出会いました。社会の変革を唱えるリーダー、既成概念を破るアーティスト、全財産を慈善事業に注ぎ込む実業家など、スケールの大きい人達との出会いにも恵まれました。

だからといって私の世界観が変わったかといえば、そうではありません。キャリアを通じて学んできたことは私の血となり、肉となり、糧となってきましたが、私を根本的に揺るがすことはありませんでした。

私の世界観を覆す出来事は、私が38歳になった時、キャリアとは全く別の次元で起こりました。再婚相手との間にできた娘の誕生です。

正直言うと、それまでの私は「子供が欲しい」などと考えたこともありませんでした。仕事に無我夢中でそんなことを考える余裕すらなかったと言ってもよいかもしれません。周りから「そろそろ産まないの？」という類のプレッシャーが一切なかったことも影響していると思います。

娘が生まれた瞬間、私はそれまで信じていた天動説が地動説にひっくり返されたような衝撃を受けました。これまで自分のキャリア、自分の幸せを中心に回っていた世の中が、娘を中心に回り始めたのです。この世界に自分よりも大切な存在が出来てしまったのです。

4ヶ月の産休はあっという間に過ぎてしまいました。娘を預けてイザ、出社する初日、私は身を引き剝《は》がされるような思いでした。これだけ自分を必要としている小さな、小さな生き物を置いていくのです。自分の血を分けた無力で、無垢な赤ん坊。その我が子を「はい、よろしくね！」と他人に預けて颯爽と出勤する気にはどうしてもなれないのです。それは今までに経験したことのない苦しみでした。

（何かが間違っている……）

そう思いながら出勤する足取りは重く、その場で辞表を提出したくなってしまったくらいです。

ちょうど同じ時期に産休で会社を離れていた同僚がいました。マーケティング部門に勤めているアリスです。彼女が手掛けるバッグは必ず大当たりするという、いわゆる「デキる女」のアリスは私が出産した3週間後、同じ産院で男の子を産んでいました。

私はある日、昼休みを利用して彼女の家を訪ねることにしました。出産祝いを渡すという名目もありましたが、何よりも新米の働く母親どうし、授乳や夜泣きに関する苦労や悩みを語り合いたかったのです。

ところがどうでしょう。

「ね、あれ、やってる？」

アリスは開口一番に聞いてきます。てっきり母乳の話かと思って、

「もちろん！」

と即答した私ですが、全くの見当違いでした。アリスが言及しているのは、母乳のことではありません。彼女が持ち出してきたのは、パリジェンヌがみんな産後にやっていることですが、私は考えもしなかったことです。

それは**骨盤底筋体操**です。俗に言う、**膣トレ**です。

フランスではこの膣トレが保険診療の対象ともなり、産後に助産師や「キネ」と呼ばれる理学療法士に指導してもらうのが一般的です。私も産院で勧められていた記憶はありま

したが、授乳に精一杯でそんなことにまで頭が回っていませんでした。そう、私にとっては「そんなこと」だったのです。

アリスは先ほどからその話ばかりしています。膣トレをして下腹部がみるみる引き締まってきたこと。インナーマッスルが鍛えられて腰痛も解消したこと。ズレてしまった骨盤もきちんと元に戻るらしいから、続けるのが肝心なこと。まるでマーケティングのプレゼンをしている時みたいに、アリスは理路整然と、そして熱心に語っています。私など口を挟む暇もありません。

アリスの家を後にした私はしばらく考え込んでしまいました。いい母乳が出るように食生活に気をつける以外、自分のケアなんてこの数ヶ月、すっかり忘れていた私です。我が子のことで頭が一杯。自分のことなんか「どうでもいい」とすら思っていました。

アリスに限らず、パリジェンヌは産後のセルフケアを怠りません。**赤ん坊の健康管理と同じくらい、自分の身体のダメージ、そして心身の不調に細心の注意を払います。**無痛分娩が当たり前のフランスですが、それでも数ヶ月に及ぶ妊娠期間、そして出産は身体にかなりの負担をかけるものとされ、「自分を労《いたわ》るため」の努力は惜しみません。産休はそのための期間であるという認識があるくらいです。

「自分らしい身体に早く戻りたいのよ。**母親である前に、私は私だから**」

そう言い切るアリスは、自己犠牲をしてまで子育てをする気はないと言います。言い方を換えれば、パリジェンヌは母親になっても、私のように天動説がひっくり返るようなことはないのです。

宇宙はいつだって自分を中心に回っています。

Cinquième partie : Élever un enfant à la parisienne

手が回らないなら外注すればよい。思いっきり開き直るパリジェンヌ

パリジェンヌが子育てに関心がないわけではありません。アリスだって生まれてきた息子を溺愛《できあい》しています。息子のためならなんだってします。私のように子育ての悩みだってたくさん抱えています。

私と違うのは、どんなに忙しくても、そしてどんなに疲れていても、**「まずは自分ありき」というスタンスを変えないこと**です。アリスは産休直後、職場に復帰しましたが、ヨガにも通い続けています。夜、息抜きのために外出する時間だって捻出します。

そんな彼女は一体全体、どうやって全てを切り盛りしているのでしょう。仕事と家庭、子育てに加えて自己ケアの時間。一日二十四時間あっても足りない私です。夫と交代しながらとはいえ、真夜中の授乳も続き、体力だってもう限界です。何か秘訣があるに違いないと思った私は、わらにもすがる思いでアリスに単刀直入に聞いてみました。すると彼女

は涼しい顔をしてこう言います。

「手が回らないなら、外注すればいいのよ。仕事と一緒よ」

それを聞いた私は妙に納得してしまいました。アリスは全てを切り盛りしているわけではなかったのです。彼女はハナから自分一人では切り盛りできないと開き直り、仕事をうまく割り振っていたのです。

専業主婦が少ないフランスでは、**もともと家事を外注することに何の抵抗感もありません**。子供がいる、いないにかかわらず、掃除、洗濯、買い出し一般をヘルパーさんにお願いする女性はたくさんいます。そんなパリジェンヌですから、育児だって平気で外注するのです。

同僚のファニーは、長女が生まれた頃から同じヌヌさん（フルタイムのベビーシッター）を雇っています。子供の送り迎えや家の掃除、洗濯、さらには夕飯の準備と一切任せていると言います。ほとんど家族の一員だそうです。月給の3分の1くらいつぎ込んでいるわけですから、金銭的にはかなりの負担になるわけですが、ファニーは、

「心の平安を守る代償よ。決して高いと思わないわ」

と断言します。

会社で人気があるのは、同じフルタイムでも「オ・ペア」といわれる住み込みのベビーシッター雇用制度です。海外からの留学生がほとんどで、格安なのが利点ですが、なんせ相手は学生ですので、入れ替わりが激しいことがマイナス点です。

私より一足先に出産した部下のクレアは、近所のママ友数名と共同で保母さんを雇うという手を使っています。一軒当たりの単価が下がるため、若者に人気がある「保母シェア制度」です。それぞれの家庭の予算に見合った解決策を見つけ出すのがとても上手なパリジェンヌです。

「デキる女」ことアリスは子供が生まれる数ヶ月前から地元の市役所に働きかけ、競争率の高い保育園に場所を既に確保しています。そして驚いたことに、産休の間も「夜泣きシッター」といわれる夜間専門のシッターさんを雇い、自分の睡眠時間はしっかり確保してきたと言います。

パリジェンヌ流子育ての秘訣はズバリ、**「利用できる手段はなんでも利用する」こと**にあったのです。

仕事を部下に振るように、子育てのタスクも割り当てれば良いのですから、新米ママの私もこれなら出来そうです。そう勢い込んだ私は夫とも相談し、パートタイムだったヌヌさんをフルタイムに切り替え、夜泣きシッターを動員し、近所の一時託児所への登録も済ませました。

子育てサポート体制はこれでバッチリ整ったわけですが、私は大事な点を見落としていました。**自分の心持ち**です。当然のことながら、外注すると思い通りにいかないことがたくさんあります。自分でやった方が早いことは山のようにあります。フランスの託児所には、清潔好きの日本人が思わず目を背けたくなるような場面だって普通にあります。

仕事だと簡単に割り切れることが、我が子のこととなると、なかなかそうはいきません。ヌヌさんとシッターさんに事細かに指示を出す毎日が始まりました。そしてあまり聞く耳を持ってもらえないため、それが大きなストレスになっていきました。

「それって、マイクロ・マネジメントってヤツよ」

私が愚痴っていると、アリスはそう言いました。

「過度に干渉してくる上司って最悪じゃない？　部下のモチベーション下がるし、やる気は薄れるし……」

言葉に詰まっていると、彼女はさらに畳み掛けました。

「ストレスになっているのは、ヌヌさん達の方だと思うけど」

そこまで言われて初めて、私は気持ちのスイッチを切り替えることができました。全てを完璧にやりこなすことを諦めたのです。「まあ、いいか」と割り切ることができるようになったのです。

本当にデキる女は人に任せるのが上手です。アリスのおかげで私もヌヌさんやシッターさんのやり方を尊重し、多少のことには目を瞑《つむ》り、彼女達を信頼することができるようになりました。

パリジェンヌ式、デキるお母さんの仲間入りです。

なぜ出張が最高なのか、パリジェンヌに聞いたら返ってきた驚きの答え

万全のサポート態勢を整え、人並みの睡眠時間も確保できるようになった私が心置きなくキャリアに専念することが出来るようになったかといえば、決してそんなことはありませんでした。

フルタイムのヌヌさんが病気で倒れてしまったのです。有り難いことに代理を見つけてきてくれたのですが、何から何まで遠隔で指示を出し直さなければなりません。ちょうど大きなイベントの真っ最中でした。

そしてそういう時に限って、会社に対する根拠のない中傷記事がメディアに掲載され、芋づる式に問題が発生します。即座に危機管理を立ち上げなければなりません。

気分はボールを5個同時に操る曲芸師です。ボールは一つも落とせません。旦那も忙し

い合間を縫って子育てによく協力してくれますが、それでもポールは5個中4個、私が回している感覚がありました。正直言って、回すだけで精一杯。他に何も考える余裕はありませんでした。

フランスでは2021年、それまで14日間だった父親の育休が25日間に延長されました。その間、給与に見合った手当も支給され、3日間の法定休暇を加えて最長28日間、つまり1ヶ月程度の育休をとることができます。今ではその休暇を消化する男性社員は70％を超えるということですから、父親がかなり子育てに対して積極的になってきているといえます。

それでも、母親と同等というところまでは行きません。家事や育児に関する男女格差はまだあり、その比重はやはり女性の肩に重くのしかかっています。保育園のスト、保母さんの欠勤、子供の病気や怪我と、待ったなしに問題が降りかかってきた時、会議の合間を縫って病院を予約し、ヌヌさんに指示を出し、臨機応変に対応しているのは、決まって女性の方です。パリジェンヌです。

そんな時、出張が入ってしまいました。3泊4日でマイアミに行かなければなりません。ちょうど娘が風邪気味の時でした。託児所に週3日通うようになってから、いろいろな病気を次から次へともらってくるようになったのです。

私は旦那に引き継ぎをし、離乳食の指示を出しました。必要な物は事前に買い込み、事細かにメモも残していきました。それでも気が気じゃありません。いとしさと、切なさと、寂しさが交錯し、胸が押し潰されそうでした。

重い足と心を引きずり、税関を通って搭乗ゲートに向かっている時、同僚のファニーと鉢合わせしました。私がコーポレートPRディレクターに昇進するのと同じタイミングで、ファッションPRディレクターに昇進したファニーです。お互いに出張が多く、行き先もよく重なります。

ファニーは搭乗してからもしばらく、機内で中学生になる娘2人とフェースタイムで会話をしています。離陸の寸前まで話しています。さぞかし彼女も辛いのだろうと思って眺めていると、ファニーは電話を切り、背伸びをしてから言いました。

「あー、これでやっと羽が伸ばせる。出張って最高よね！」

最高どころか、こちらは泣きたくなるくらい最悪な気分です。

「なんで？　どこが最高なの?!」

思わずそう叫ぶと、ファニーは
「誰にも邪魔されないとこ！」

と即答します。それでも疲れ切った私の顔を見て思うところがあったのか、私の方へ向き直って言いました。

「お母さんが出張で留守にすると、家庭全体のガス抜きになるのよ」

腑《ふ》に落ちない顔をしている私に向かい、ファニーはさらに言いました。

「お母さんがいない方がいいってこともあるのよ」

ファニーはとりあえず騙《だま》されたと思って**家のことは忘れ、フライトを楽しめと言います。この貴重な時間を堪能しろ**と言うのです。

私は渋々、彼女に言われた通りにしてみました。出張先でもアート・フェアの仕事が一段落した頃、ファニーやエディター達と夜の街に繰り出し、久しぶりにワインのボトルを開けました。その晩はゆっくりバスタブに浸かり、翌朝は仕事の前にネイル・サロンにも行きました。ファニーの言う「最高」の意味が少しだけわかったような気がしました。

出張から戻ってみると、家は私がいなくても回っていました。ファニーの言う通りです。旦那は私のメモには目もくれず、自分なりに娘の世話をし、ヌヌさんをうまく丸め込んでいました。風邪がこじれた娘は熱を出したらしいですが、私が心配しないように気を使ってくれた旦那は早退して薬を買いに走り、きちんと看病してくれていたようです。

そして夫がその時考案し、手作りした離乳食はそれ以来我が家の定番になりました。

思い通りに行かないのが子育てです。母親は誰もが一生懸命です。

「自分さえ我慢すれば……」

そう思って歯を食いしばっている人がいたら、**騙されたと思って、普段回しているボールを一度丸投げしてみてください**。そしてその**空いた時間を自分のために使ってください**。出張でも、趣味でも、スポーツでも、ゼミでも、何だっていいのです。女友達とちょっと出掛けるだけでもいい気分転換になります。

投げ出す相手は配偶者、両親、あるいはヘルパーさん。誰でも構いません。それはとても勇気のいることです。不安材料は山のようにあります。でも、心配は無用です。

ボールは必ず回り続けます。

Cinquième partie : Élever un enfant à la parisienne

子供は「ひどい母親」だとは思っていない

母親になってから初めての出張から帰ってきた時。

「ママ！　ママ！」

飛びついてくる娘の顔を4日振りに見た瞬間、私は泣き出してしまいました。海千山千の私がこんなことで泣いてしまうなんて自分でも信じられません。合理的に子育てをしようと思えば思うほど、まだ腑に落ちない自分がいるのです。頭では理解出来ても、肌が納得していないのです。

娘の側についていてあげたい。好きなだけ抱っこしてあげたい。一分、一秒たりとも成長を見逃したくない。そう思うと心が締め付けられるのです。

それからも出張は続き、慣れてくるとその度に泣くことはなくなりました。心置きなく丸投げをすることもできるようになりました。けれども3日、4日、ひどい時には1週間出張で家を空けてから帰ってくる時、あの胸が張り裂けそうな思いが消えることはありませんでした。

待ちかねて飛びついてくる娘。しばらく離れない娘。そんな娘を見ていると、「自分はなんてひどい母親なのだろう」

そう思わずにはいられません。自分を必要としている幼い子を置き去りにしている罪悪感に押し潰されそうになるのです。

自分のキャリア、そして自分の時間は優先させたい。けれども子供の幸せを第一に考えてあげたい。そんな矛盾に苦しんでいた私は、ある日、久しぶりに親友のマリーと昼食を共にする機会がありました。

離婚後、3人の恋人を掛け持ちしていたマリーですが、数年前にアーティストのステファンと落ち着き、今では再婚もしています。自分が一番必要としている相手を選び抜いたのです。ステファンも子持ちのため、「再構成家族」としてのマリーの新しい生活が始まりました。

離婚が多いフランスでは再構成家族は珍しくありません。子持ちの離婚者同士が再婚をするケースです。マリーはさらに昨年、ステファンとの間に待望の男の子を授かったところです。久しぶりに哺乳瓶とオムツに埋もれる毎日だと言います。それでも、現在はレポーターとして活躍するマリーは私以上に忙しく、世界中を飛び回っています。

「自分がひどい母親だって思ったことある？」

そうマリーに聞いてみると、

「一度もないわ！」

と彼女は断言します。そしてなぜまた、私がそんなふうに考えるのかと詰問してきます。

「娘をほったらかしにしている気がするから、かしら？」

ちゃんとした答えが見つからず、私は自問自答をしていました。

「娘が寂しそうだから？　可哀想だから？」

それを聞いたマリーはキッパリと言いました。

「それはジュンの思い込みよ」

そして寂しいのは、娘ではなくて、私の方だと言います。

「私だって出張中に子供達の顔が見たくなって、寂しくてしょうがない時、あるわよ。でも、自分の辛さを人に押し付けたらダメだと思うの」

そう言われてみれば、娘は私が思うほど、寂しくないのかもしれません。私が留守にしている間、娘が泣いているなんていう話は聞きません。ヌヌさんと楽しそうに遊んでいます。

「母はなくとも子は育つ、って言うでしょ。子供って案外頑丈なものよ。愛情さえきちんと注いであげれば、ちゃんと育つの」

時間と愛情は比例しないというのがパリジェンヌの考え方です。「一日2時間愛情を注げば、子供は立派に育つ」という根拠のない理論を唱える人さえいます。別の言い方をすれば、「お母さんが家にいるべき」と考える人はいないのです。

「ジュンがひどい母親だなんてこと、絶対にない。娘ちゃんだってそんなこと、決して思っていないわよ。お母さんが大好きなはずよ」

それを聞いた私は泣き出してしまいました。ずっと罪悪感にさいなまれていた私ですが、自分の辛さに追い打ちをかけていたのは、他ならぬ自分自身だったのです。

私のように自分が「母親失格」だと一度でも思ったことがある人。あるいは、周囲にそう指摘されて悩んでいる人がいたら、安心してください。あなたは決してひどい母親ではありません。子育ての常識は世代によって、また文化によって大きく変わります。絶対的なものではありません。**大事なのは、自分が我が子ときちんと向き合っているかどうか**。そして、**子育てを通じて自分も成長しているかどうか**。それだけです。罪悪感を感じる必要は全くありません。

「子育ては親育てだって言うでしょ」

マリーがそう言うので感心していると、彼女はウインクをして付け加えました。

「ステファンがそう言ったのよ。いいこと言うでしょ、あの人」

ちゃっかりノロケるのを忘れないマリーです。

私は久しぶりに心から笑っていました。

Cinquième partie : Élever un enfant à la parisienne

「ママさんルック」というものは存在しなかった

「働くお母さん」や「ワーキングママ」という表現がありますが、パリでは一切聞かない言い回しです。あまりに当たり前のことだからです。反対に「ステイ・アット・ホーム・ママ」という表現を聞いたことがあります。この「在宅ママ」は、いわゆる専業主婦、もしくは在宅ワークをしている女性、つまり少数派のお母さんのことを指します。

ある日、私は娘が2歳になった時から通っている保育園の「朝カフェ」に参加しました。朝の8時半から始まる保育園ですが、子供を送り届けた後、任意の親が近場のカフェに集まり、出社前の貴重な時間を使って情報交換をします。月一で行われるこの朝食会に集まるのはほとんどがお母さん。時々お父さんがチラホラ交ざるという感じです。

今日集まっているのは、老人ホームで経理の仕事をしているアンナ、デリバリー系のスタートアップに勤めているセリーヌ、薬品業界でマーケティングをしているというマノン、パティスリーを経営しているジョゼフィーヌ、そして大学教授のエミリーと、働く女性ばかりです。在宅ママは一人もいません。

おしゃべりなパリジェンヌが数名集まると、話題は尽きません。保育園で行われた行事の感想、子供の病気の話、習い事に関する情報交換。ひとしきり子供の話が終わると、今度は仕事の話になります。

初めて朝カフェに参加した私は感心してしまいました。時間の無駄かもしれないとタカをくっていたら、とても有益な会だったのです。パリジェンヌにとって、ママ友との朝カフェは異種業界とのネットワークを広げる好都合な機会でもあるのです。

集まっている母親のうち、「お母さんっぽい」格好をしているパリジェンヌは一人もいません。ミニスカートに長いブーツを履いている人もいれば、ジムに直行できそうなスポーツ・ウエアを着ている人もいます。学生が穿《は》きそうな穴あきのジーンズの人もいれば、胸元が広く開いたシャツを着こなしている人もいます。

「こっちって、ママさんルックっていうものがないのね」

隣席のエミリーに何げなくそう漏らすと、彼女は「ママさんルック」という表現の意味がわからないと言います。

「いかにもお母さんっぽい格好ってことよ」

そう受け流そうとすると、彼女はますますわからないと言います。もともと物事を定義するのが大好きなフランス人ですが、エミリーは厄介なことに教授です。定義にはものすごくこだわります。

困ってしまった私は、「これは日本のことだけど」、と前置きしながら、「お母さんっぽい」とは反対に「母親らしからぬ」と思われる格好を幾つか挙げてみました。

● 胸元が広く開いた服
● 身体のラインがくっきり出る服
● ピンヒールの靴
● ミニスカートや短パン
● 長い爪に派手な色のマニキュア

胸元が開いているシャツを身に纏ったセリーヌはそれを素早く聞きつけ、すっ頓狂な声を出しました。

「何それ？　どうして母親になったからって、ルックスを変えなければならないの？」

どうしてと言われても困るのですが、後に引けなくなった私は自分なりに理由を説明しました。世間というものが考える「理想の母親」像があること。その「こうあるべき」という母親の姿に縛られてしまう人が多いこと。できるだけわかりやすく解説するのですが、世間体や同調圧力という概念をパリジェンヌに説明するのは至難の業《わざ》です。

「こうあるべき、って言うけど、それ、おかしいわ。こうしたい、っていう自分の意見はどこに行っちゃったのよ？」

憤慨しているのはセリーヌばかりではありません。ママ達はみんな話をやめ、口々にセリーヌに同意しています。

その日、たまたまミニスカートを穿いていた私は内心胸を撫で下ろしていました。けれども、「主体性のない日本人」とフランス人に片づけられてしまうことに日頃から嫌気がさしていた私は、誤解のないように補足説明をしました。

「日本も働くお母さんがかなり増えているし、意識もだいぶ変わってきているわ。でもね、根本には『いいお母さんでありたい！』っていう、切実な思いがあるんだと思うのよ。だからつい『自分らしさ』より、世間が求める『母親らしさ』に同調してしまうのよ」

我ながら言い訳がましいなー、と言葉に詰まっている時、エミリーが助け舟を出してくれました。

「ちゃんとした母親だと思われたい、っていう気持ちは万国共通だと思うわ。私だってそう」

教授のエミリーには外野を黙らせる静かな迫力があります。

「でもね、**『いいお母さん』であるためには、『幸せなお母さん』でなければならない**と思うの。自分が心地よくなければ、ただでさえ大変な子育て、絶対に務まらないわ」

子育てが大変なのは万国共通。そして母親が一生懸命なのも万国共通です。エミリーは娘にアトピーが発生したばかり。大変な苦労をしています。セリーヌは娘の斜視を矯正中。ジョゼフィーヌは息子の夜泣きが悩みのようです。朝カフェはそんな悩みを分かち合い、不安を解消する貴重な場でもあるのです。

「これが正解」という母親像はない、というのが私の正直な意見です。ないのですから、手探りで見つけるしかありません。その不安に押し潰されそうになった時、私達は「いい母親」を演じたくなってしまいます。「お母さんっぽい格好」をしてみたり、「家にいてあげよう」と思ったりします。周りにも「いいお母さん」だと納得されるのですから、これほど安心なことはありません。でも、それでいいのでしょうか。

エミリーの言う通り、究極のところは、**「自分が幸せ」と思えるお母さんが、「いいお母さん」**なのかもしれません。自分の軸がしっかりしていなければ、子供の軸をまっすぐに育ててあげることはできないからです。

Cinquième partie : Élever un enfant à la parisienne

入社早々、育休を要求するモテモテ君の子育て奮闘記

「父親に通常与えられる1ヶ月の育休、僕にもください」

ある午後、広報部長にそう要求してきたのは、デジタル・コミュニケーション・チームに最近加わったティモテ君です。ブランドのSNSなどを統括するこの部署には特別な空気が流れています。既成概念にとらわれず、斬新な広報戦略を次々と編み出すことを求められている部署ですから、生き方も斬新な人達が集まってくるのです。

「モテモテ君」と私が呼んでいるティモテ君は社内の女性にも、そして男性にも人気があります。彼はバイセクシャルなのです。そしてモデルのように美しい青年です。実際、最近までファッション雑誌のモデルをしており、引っ張りだこだったといいます。

そんな彼がなぜ、フツーの会社員になったのだろうと疑問に思っていた私ですが、その

謎は「育休要求宣言」で解けました。モテモテ君が大企業に入社する決意をしたのは、最近お父さんになったからです。

「子育て大変なので、会社のサポートが必要です」

そう言い切るティモテ君は結婚していませんが、これまたバイセクシャルの男性パートナーと同居を始めたばかりです。その彼氏に、元妻との間にできた6歳の子供がいるというのです。離婚した場合、フランスでは子供が週交代で両親の家庭を行き来することになっているため、2週間に1回、モテモテ君はパートナーと一緒に子育てをする羽目に陥ったのです。

何でもありのフランスですが、さすがに今回は人事課も困惑してしまったようです。戸籍上の繋がりがないのに「育休をくれ」と催促してくるケースは初めてのことではないらしいのですが、

「入社早々、こういうことを面と向かって要求してきた社員は初めて」

と人事課長も頭を抱えています。

厳密に言えば、法律上、子育てをするのはパートナーである彼氏の責務です。けれどもモテモテ君は子育てをする気満々です。意外と責任感があるのです。

そんなモテモテ君は会議中、ヌヌさんからの電話があると周りに遠慮せず対応していま

す。そして、

「ヌヌにドタキャンされちゃったよ！　ちょっとヤバすぎる、僕、抜けるわ」

と勝手に会議を飛び出してしまいます。仕事もそっちのけです。

子供が気管支炎にかかってしまった時などはもう大騒ぎです。ルイ・ヴィトン本社の広報部で知らない人間はいないというくらい、大っぴらな子育て奮闘記が始まりました。目が離せません。

スクリーンタイムを制限したり、有機野菜にこだわったりと、抜かりのない育児をしているかと思えば、息子をシッター付きで友人宅のディナーに連れ回したり、出張に同行させたりと、いろいろやらかしてくれるモテモテ君です。

そんなティモテ君はある日、預け先が見つからなかったということで、ついに息子のルイ君をオフィスに連れてきてしまいました。女性軍は大喜びです。私も噂のルイ君を一目見ようと、会議の合間を縫って、デジタル・コミュニケーションのオープン・スペースに足を運びました。

そこで私は更なる驚きの事実を発見しました。

ルイ君はアフリカから来た子供なのです。ルイ君はモテモテ君のパートナーの実子ではなく、その彼が元妻と一緒に養子縁組をした息子なのです。ルイ君は、孤児だった子なのです。

「こうあるべき母親像」を完全に覆しているモテモテ君ですが、それでも立派なお母さんです。いや、お父さんと言うべきでしょうか。

「どっちだっていいよ、そんなこと」

そう言うモテモテ君も彼のパートナーも、ハチャメチャかもしれませんが、無条件にルイ君に愛情を注いでいます。新しい形の家庭を二人で作り出しています。

夫不在でワンオペ育児の家庭。子供のいない家庭。家族がバラバラな家庭。いろいろな家庭があると思いますが、それを「フツーじゃない」と引け目に感じる必要はありません。

「こうあるべき」という家庭像に縛られる意味は全くありません。

家庭はモテモテ君と彼のパートナーのように、試行錯誤を重ねながら作り上げるものです。いろいろな形があっても、いろいろなやり方があっても、別にいいということです。斬新な家庭に見えるかもしれませんが、本人達は一生懸命です。そして誰になんと言われようが、後ろ指を指されようが、全く気にしていません。**気持ちいいほど、自分なりを貫いています。**そんな彼らを応援したくなるのは、私だけではないようです。

モテモテ君はその後も期待を裏切らず、いろいろやらかしてくれるのでした。

chapter 6

Sixième partie :
Savoir décrocher à la parisienne

パリジェンヌは
いつでもどこでも自然体

Sixième partie : Savoir décrocher à la parisienne

ある日モテモテ君の家に招待された本当の理由

まだ少し肌寒い、ある春の夕べ。私はモテモテ君の自宅の呼び鈴を押していました。子育て奮闘話を聞いてあげているうちにすっかり仲良くなったモテモテ君がアペロに招待してくれたのです。

アペロとは「アペリティフ」の略称、もともとはディナーの前に嗜《たしな》む食前酒のことですが、広くは夕食前の時間に行われる気楽な集いのことを指します。このいわゆる「サク飲み」はカフェのような場所で行われることもありますが、大概はこのように個人のアパルトマンに集まります。

満面の笑みで迎えてくれたモテモテ君が案内してくれたサロンは、既に人でいっぱいです。気の利くモテモテ君は丁寧に私を参加者一人一人に紹介してくれました。

chapter 6

パリジェンヌはいつでもどこでも自然体

パリで大学院に通い始めてからというもの、いろいろな人が吹きだまりのように集まるアペロに数えきれないほど顔を出してきた私ですが、そんな私も今回はさすがに驚いてしまいました。集っているメンツが実にユニークなのです。

ソファを陣取っている女性の一人は、モテモテ君の息子、ルイ君が通っている幼稚園の先生です。もう一人の女性はベビーシッター役をよく買って出てくれる気前のよい近所のおばさん。ワインボトルやおつまみが並ぶテーブルを囲むスポーツマン3人組のうち、ワイングラスを手に斜に構えている男性はモテモテ君一家がかかりつけのキネこと、理学療法士のお兄さん。隣でポテトチップスを頬張っている筋肉隆々の男性はルイ君のサッカーのコーチ、そして3人目のベッカム似の男性はなんと、建物の管理人だというのです。

これほどイケメンな管理人はいまだかつて見たことがありません。釘付けになっている私を引っ張るようにして窓際に連れてきたモテモテ君が次に紹介してくれたのは、タバコをくゆらせながら何やら政治談議に熱中している男女です。彼らの正体を知って、私はまたまた驚いてしまいました。

男性はモテモテ君のパートナーであり、ルイ君の父親です。笑顔が素敵な彼の名はステファン、グラフィック・デザイナーをしているとのこと。そしてその隣にいる、漆黒のボブカットがお似合いの小柄な美女がルイ君の母親、つまりステファンさんの元妻だというのです。

気まずい雰囲気は全くありません。モテモテ君も、ステファンも、クリスチーヌという名の元妻さんもニコニコしています。何を言ってよいのかわからず、ルイ君とは一度オフィスで会い、その時に懐《なつ》かれてすっかり仲良くなった話をすると、クリスチーヌは、

「ちょっといいかしら？」

と私と腕を組むや否や、男性陣を取り残して台所に向かいました。そこで私達を待ち受けていたのは、ベビーシッターさんと一緒に夕食を食べ終えたばかりのルイ君でした。

大喜びの私がバンザイをしながら駆け寄ると、ルイ君は歓喜の声をあげました。クリスチーヌはヌヌさんと何やら話し込んでいます。そしてルイ君の就寝時間になると、一行はガヤガヤとアパルトマンの奥に消えてしまいました。取り残された私がサロンに戻ろうとしたその時、ワイングラスを取りにきたモテモテ君と鉢合わせしました。

「いつもこうして、クリスチーヌも来るの？」

気になっていたことを聞いてみると、モテモテ君はサラッと答えました。

「いつもじゃないけど、アペロの時はよく来るよ」

「どうしてアペロの時なの？」

そう聞くと、モテモテ君はウインクをしながら囁《ささや》きました。

「今日来ている人達、実はルイが世話になっている人、もしくは懐いている人ばかりなんだよ」

なるほど、全く繋がりがないように見えるゲストの唯一の共通点は確かにルイ君です。

「お互い仲良くしてもらった方が、ほら、なんかあった時にこっちも助かるからさ」

悪びれもせずにそう言うモテモテ君。彼はいわゆる**「巻き込み子育て」**を実践していたのです。

パリジェンヌがよく使うこの手法は一言で言えば、**「利用できる人は誰でも利用する」**こと。近所のおばさんでも、建物の管理人でも遠慮せずに巻き込むこと。モテモテ君はそんな人達のお互いの連携をスムーズにし、「ルイ君サポート体制」を強化するため、そして、自分達の負担を軽減するためにアペロを催していたのです。

呆れている私を横目にモテモテ君は食器棚からワイングラスを二つ取り出し、サロンに向かいました。

「隣の夫婦が音楽を聞きつけて、招待されてもいないのに遊びに来たんだよ！　ちゃっかりしているよな」

（ちゃっかりしているのはどっちだ？）と内心苦笑しながら聞いていると、モテモテ君は独り言のように付け加えました。

「まあでも、こないだルイのベビーシッター役を急遽引き受けてくれたんだよね。有り難いよな。誘うべきだったな」

モテモテ君が今晩関係者を招待したのは「巻き込み子育て」を実践するためだけではなかったのかもしれません。アペロには、もう一つの意味合いがありそうです。それは他でもない、**ルイ君を取り囲む人達に日頃からの感謝の気持ちを伝えること。今晩ばかりはゆっくり、楽しんでもらうこと。**

急に喉《のど》が渇いた私は小走りでモテモテ君の後を追いました。アペロはまだ始まったばかりです。

Sixième partie : Savoir décrocher à la parisienne

パリジェンヌがアペロを好き好むのはなぜだろう

サロンに戻ると、ゲストは既に入り交じり、歓談していました。イケメンの管理人は早速近所のおばさんと幼稚園の先生に取り囲まれ、お隣に住んでいるという若夫婦に至っては初対面であるはずのサッカーのコーチと一緒に大笑いしています。

その日、私も理学療法士のお兄さん、そしてクリスチーヌと例の「膣トレ」の話で盛り上がり、楽しいひとときを過ごしました。19時過ぎに来訪したはずが、気が付いたらもう22時半。「サク飲み」のつもりがいつの間にか「ダラダラ飲み」になってしまったのですが、23時を過ぎてもお開きになる雰囲気は全くありません。

パリではこんなことはしょっちゅうです。美味しいワインと気の利いたおつまみさえあれば、パリっ子は何時間でも延々とおしゃべりをしています。夕食すら省き、お腹が空いたらパンとチーズをワインで流し込み、いつまでもいつまでも、おしゃべりに興じます。

アペロに始まり、アペロに終わるパリの夕べ。なぜ、ここまでアペロが愛されるのでしょうか。

一つには、事前にどんな人達が集まるのかわからないというおもしろさがあります。ラグジュアリー・ブランドの広報という職種のため、ヴェルニサージュやカクテルに呼ばれることの多かった私ですが、そういう場所ですれ違うのはファッション業界の人間ばかり。その上、同じような顔ぶれが集まることが多いため、退屈なことが多いのです。

「アペロの醍醐味って、こうやって異種業界の人と知り合いになれることかしら」

そう呟《つぶや》くと、クリスチーヌは即座に反論しました。

「違うわよ。アペロの醍醐味は束縛されないところよ」

きょとんとしている私を尻目にクリスチーヌは続けました。

「知り合いになることも出来るけど、知り合いにならなくてもいいのがアペロよ。それって最高よね！」

ますます意味がわからなくて目をパチクリさせていると、話を聞きかじったステファンが笑いながら補足説明をしてくれました。

「クリスチーヌが言いたいのは、**アペロは自由**だってことだよ。着席形式のディナーやレストランでの会食と違って、誰と話そうが本人の自由だろ。興味ない人に無理に関心を示す必要はないし、お行儀よく興味ない話に付き合う必要もない。嫌なら移動して場所を変えればいい」

　長々と続く仕事関係のディナーを思い出しながら、私は妙に納得してしまいました。クリスチーヌは更に畳みかけるように言いました。

「そうなの、究極のところ、つまんなかったらさっさと帰れるところがいいのよ」

　劇場でもパフォーマンスがお気に召さないと遠慮なく席を立ち、勝手に退室してしまうことで有名なパリジェンヌですが、アペロに招待されてもそのスタンスは変わらないようです。**遅れてよし。ドタキャンしてよし。勝手に抜けてよし。**この気軽さが性に合うのでしょう。

「招待されてもいないのに、長居する非常識なヤカラもいるけどね」

　割り込み参加をした夫婦をチラ見し、露骨に嫌な顔をしながらクリスチーヌはこぼしました。

「まあまあ、そう言うなよ」

　なだめに入ったのはモテモテ君です。クリスチーヌの辛口トークにステファンも、モテモテ君も慣れているようです。

「あーいうのに限って、長っ尻なのよね。あー嫌だ。私、もう帰るわ。明日早いのよ。じゃ、ね」

退屈し始めていたのか、クリスチーヌは本当にさっさと帰ってしまいました。他の参加者はまだ誰も腰を上げる気配はありません。

「招待客が気楽なのはわかったけど、特に親しいわけでもない人達を集めて、主催する側は大変なんじゃゃないの？」

そう聞いてみると、モテモテ君とステファンは口を揃えて言いました。

「ちっとも！」

客の好き嫌いに気を使わなければならないディナーと違い、アペロを準備するのはとてもラクだと言い張ります。

「じゃ、クリスチーヌの言う『長っ尻の客』はどうするの？」

そう水を差し向けてみると、意外な答えが返って来ました。

「疲れたら、後は勝手にどうぞ、って僕達は寝室に引き下がるだけだよ。帰る時は玄関だけはきちんと閉めていってね、って」

「帰らずにソファーで寝込んじゃう客もたまにいて、朝起きたらビックリ、ってこともあるけどな」

招待客が自由気ままなら、主催する側も実に勝手気ままです。先ほどから目をこすっているモテモテ君が引き下がってしまう前に、私もさっさと帰ることにしました。**お互いに無理のない付き合い**。これこそ、アペロの醍醐味なのかもしれません。

Sixième partie : Savoir décrocher à la parisienne

目から鱗：パリジェンヌ流おもてなしの極意

結婚してからというもの、私も人を家に招く機会が増えました。アペロで済ませられる時はいいのですが、少し改まった関係の知り合いを招待するとなると、ディナーという形式を取らざるを得ません。そしてそういう時は「夫婦同伴」で、正確に言えば結婚をしていない人も多いパリでは「パートナー同伴」での招待が基本となります。

夕食会を催す際、一番気を使うのは招待客の組み合わせです。カップル一組ではなく、最低二組、しかも互いに面識のないカップルを招待するのが常だからです。熟練のパリジェンヌはこの組み合わせが大得意、人を引き合わせるのがとても上手です。私もディナー・パーティーの席で魅力的な人達と何人も知り合いになりました。「友達」と呼ぶことが出来る人との出会いもありました。

招待客の組み合わせが決まると、今度はメニューに最新の注意を払わなくてはなりません。ゲストの好み、アレルギー、更にはハラールやコーシャなどの宗教的な戒律による食事制限を事前に把握しておかなければならないのです。

最近は菜食主義者のベジタリアン、更には卵や乳製品を含む動物性食品を一切口にしないヴィーガンの完全菜食主義者も増えているため、前菜とメインの二品の内容を考えるのは至難の業だったりします。

シャンパンやワインの選択は旦那が引き受けてくれるのでいいのですが、更にはデザートという問題が待っています。甘い物抜きでは食事は終わらないのがフランスです。そしてスイーツ天国のパリですから、パリっ子は特に舌が洗練されています。仕事の合間を縫って有名パティシエのケーキや話題のスイーツを買いに走ったりと、これまたいろいろ気力と体力を要するのです。

そんなこんなで、ディナーを主催した後は決まってグッタリ疲れ、機嫌が悪くなってしまう私でした。

そんなある日、クリスチーヌがディナーに招待してくれました。いきなりだったのでびっくりしましたが、パートナーが大の日本好きということで、私達夫婦の他、和食好きが興じてパリにラーメン店を開いたという仏人カップルが参加するということです。おもしろそうな会だったので応じることにしました。

モテモテ君宅のアペロで会った時は少し冷淡なイメージだったクリスチーヌです。及び腰で参加した私ですが、クリスチーヌはまるで旧友のように再会を喜んでくれました。「早く終わらないかな……」とあくびを嚙み殺したくなるようなディナーが多い中、クリスチーヌの夕食会は非の打ち所がないと言っても過言ではありませんでした。料理はどれを取っても美味しく、会話も弾み、時間はあっという間に過ぎていきました。

ふと見てみると、クリスチーヌ本人がとてもリラックスしています。私は考えさせられてしまいました。ディナーを主催する際、ゲストの間を行き来し、台所と食卓を往復し、バタバタと忙しく立ち回る私とはなんという違いでしょう。しかも驚いたことに、クリスチーヌは「毎週自宅でこのような夕食会を催している」と涼しい顔をして言うのです。建築家の彼女は私と同じくらい、いえ、私以上に忙しいはずです。何か秘訣があるのでしょうか。

単刀直入に聞いてみると、クリスチーヌは即答しました。

「コツはね、手抜きをすることよ！」

どこをどう取ってもソツがないように見える彼女の夕食会です。手抜きしているようにはとても見えません。そう伝えると、彼女は笑いながら言いました。

「とことん手間を省いているのよ。食前に振る舞うのはシャンパンか水だけ。おつまみもいろいろ準備せずにナッツ類だけよ。するとね、食卓に着く頃にはみんなお腹を空かせているから、なんでも美味しく感じるのよ」

そういえば、クリスチーヌは食事制限や好き嫌いについて、事前に一切質問してきませんでした。そんなことを考えていると、彼女は赤ワインをつぎ足してくれながら更に説明してくれました。

「食事は前菜を省いて、メインだけ。お肉は避けて、スズキのグリル。ローストポテト、そしてフレッシュなサラダをつけたらそれでおしまい。メニューはいつも同じよ」

シンプルなのに食卓が映える。簡単なのに美味。お気に入りのパンをたっぷり添え、ベジタリアンの人には特別な気遣いは一切しないと言います。

そしてデザートはいつも常備している、行きつけのお店のアイスクリームやシャーベット。それに季節のフルーツを添えるだけ。クリスチーヌの定番メニューです。

毎週、毎週、同じ内容で退屈しないのか。そう聞いてみると、クリスチーヌは、

「レストランじゃないんだから、そこは気張るところじゃないでしょ！」

と即答します。彼女のプライオリティは「楽しい時間」を提供すること。

「自分が楽しくなくちゃ、招待客だって楽しいと思わないでしょ。だから面倒なことは一切しないで、おしゃべりを楽しむことにしているの」

徹底して自分を優先させるパリジェンヌにはいつも驚かされますが、クリスチーヌの言うことは私の心に深く突き刺さりました。ディナーをストレスに感じていた私です。**主催者である私がせかせか動いているようでは、招待客も落ち着かない**に違いありません。

私達は「こうでなくちゃ」と自分に言い聞かせたり、「みんなこうしているから」と自分でハードルを高くしたりします。案外必要ないのかもしれません。見栄を張っているだけなのかもしれません。

まずは自分が楽しむこと。これこそがパリジェンヌ流おもてなしの極意なのです。

Sixième partie : Savoir décrocher à la parisienne

「いいかげん」ではなく、「いい加減」を心得ているパリジェンヌ

終業時間後、仕事仲間と連れ立って「ちょっと飲みに」という習慣がないフランス人です。唯一、職場の人間が集まるのは、転職や転勤をする人を送り出す「pot de départ（ポ・ド・デパール）」、いわゆる送別会の時です。

この送別会、カフェやブラッセリーのような場所で行われることはまずありません。大概しょぼい会議室で行われます。ちょっとした飲み物、おつまみが出るくらいで、簡潔に行われることが多く、長引かないように特別なことは一切行われません。

ある初夏の17時過ぎ、広報部内で送別会がありました。ただでさえ入れ替わりが激しいフランスの会社ですが、夏休み前は転職・転勤ラッシュの時期です。今回の送別会では退職者が自前でシャンパンと塩味の「プティ・フール」を提供しています。チーズやソーセ

ージ、パテなどが入っている、一口サイズの塩味のパイのことです。このように送る側より、送られる側がおつまみを用意することは決して珍しくありません。

退職者のスピーチ、そして広報部長のアナベルのスピーチがひとしきり終わると、歓談の時間に入りました。同僚のパリジェンヌ達は退職者への挨拶もそこそこにおしゃべりに興じています。シャンパンには口をつけません。「紙コップで飲むシャンパンはまずい」という定評があるのです。何やら白熱した議論になっているので、交ざってみると、料理談議のようです。

「帆立貝のグラタンが一番！」

「鴨肉のパルマンティエでしょ」

「私はやっぱりインド・カレーかな」

得意料理を紹介し合い、レシピでも交換しているのかと思えば、そうではないようです。

「あそこのキッシュ、絶品よ」

「子牛のブランケットもいけるわよ。自分で作るよりずっと美味しいの」

「私はいつもスシを買うわ。ね、あそこのスシ、案外イケるよね？」

突然話を振られた私が「どこのお寿司？」と聞き返すと、

「ピカール！」

という返事が一斉に返ってきました。パリジェンヌ達は先ほどから料理談議ではなく、冷凍食品専門店、ピカールの品定めをしていたのです。

私も留学生だった頃から何度か利用したことのあるピカールですが、初めて行った時は驚いてしまいました。店内には大型の冷凍庫がズラリと並び、食料品店というよりはまるで化学実験室のようです。色とりどりの野菜や果物が並ぶマルシェやスーパーとは違い、無機質な空間は静寂に包まれています。食欲をそそられるどころか、購買意欲すら湧いてこないというのが正直な感想でした。

それればかりではありません。一人暮らしの頃はともかく、母親という身である今となっては、私の中に、

「冷凍食品で済ませるのはちょっと……」

というモヤモヤとした感情があるのです。そんなこんなで便利と知りつつも、足が遠のいていた私ですが、パリジェンヌはピカールを利用しまくっているというのですから感心してしまいました。

私が感じているような抵抗感はないのでしょうか。

「全くない！」

そう断言するのは、広告を取り扱う部署に勤める30代のエレーヌです。

「ただでさえ仕事とヨガ、そして育児で忙しいのに、平日の夜、料理に手間をかける余裕なんてないわよ」

ヨガ教室の優先順位が夕飯の支度より高いのには苦笑してしまいましたが、周りに驚いている人はいません。**自分磨きは決して怠らないパリジェンヌですが、家事一般に関しては手抜きが基本**のようです。

それは一瞬、いいかげんのように見えますが、本当にそうでしょうか。

2児の母親であるエレーヌにとって大事なのは、帰宅後、子供の話を聞いてあげること。就寝時間までしっかり向き合ってあげること。そして一日の終わりに自分と向き合い、自己ケアの時間を欠かさないこと。それ以外のことは、

「手抜きをしてもよいと決めている」

と言います。聞くと平日の夜は温めるだけのスープ、そしてオーブンで焼くだけの冷凍肉やグラタンなど、簡単なモノばかりだそうです。

パリジェンヌは**「きちんとすること」と「きちんとしないこと」の区別がはっきりしています。「頑張らない」と決めたら、無駄な努力はしません。**別の言い方をすれば、メリハリが利いているのです。

ここで大事なのは、手抜きをするポイントはエレーヌ自身が決めているということです。世間体をはばかることなく、周りに遠慮することもなく、誰がなんと言おうが自分でそう決めているのです。**パリジェンヌは「いいかげん」なのではなく、「いい加減」の手抜きを心得ている**、と言ってもよいかもしれません。

広報部長のアナベルがお盆を手に、話の輪に入ってきました。お盆にはプティ・フールがたっぷり盛られています。よく見てみると、友人宅のアペロにしょっちゅう出てくる、お馴染みのモノです。もちろん、ピカールのプティ・フールです。

ソーセージ入りのものを一つ頬張ると、バターの風味が口に優しく広がります。パイ生地はサクサクです。もう一つ、もう二つ……ついつい手が伸びてしまいます。

そんな私をエレーヌは微笑ましく見ているのでした。

Sixième partie : Savoir décrocher à la parisienne

適当にも程がある？ママ友が作ったお弁当が衝撃的だった

「こうあるべき」という「いいお母さん像」に自分がまだまだ囚われていることをはっきり認識した「ピカール談議」でしたが、ある日、更に驚きの事実に直面しました。それは、娘の遠足の付き添い役を買って出た時のことです。

遠足はパリ市内にある小さな動物園に半日出掛ける、という内容のものでした。付き添い役を募るメールが届いた時、私は即座に登録しました。有休を取っての参加でしたが、娘の初めての遠足です。どうしても付いて行きたかったのです。

当日は張り切って早起きをし、いつもより力を入れてお弁当を作りました。準備したのは日本式におにぎりとタコさんウインナー、卵焼きにかまぼこ。偏食の娘は決して食べないブロッコリーも彩りに添え、リラックマのお弁当箱に詰めてみるのですが、詰め方が下

chapter 6

パリジェンヌはいつでもどこでも自然体

手なためにいまいち見栄えがしません。意気消沈しながらも、頑張ってイチゴとうさぎりんごも用意し、イザ、バスに乗って、楽しい楽しい遠足に出掛けました。

付き添いには私の他、3名の母親が来ていました。朝カフェの時に会ったことがあるセリーヌとジョゼフィーヌ、そして翻訳家だという在宅ママのミッシェルです。お目当てのレッサー・パンダを見学し、園児に大人気のピンク色のフラミンゴをさんざん見た後、動物園の一角でお弁当の時間となりました。お腹が空いている子供達は歓声を上げ、それぞれお弁当を広げ始めました。

その内容は、目を見張ってしまうようなモノばかりでした。

ある子はソースなしの素パスタ。別の子は如何にも残りモノっぽい、焦げた骨付きの鶏もも肉に茹でたジャガイモ。スーパーの包装紙のままのタブレ（クスクスに野菜やハーブを和えたサラダ）を取り出した子もいれば、冷え切った三角形のピザを2枚持たされた子もいます。

我が子の弁当箱を開けてあげると、隣に座っていたセリーヌが感嘆の声を上げました。

「これ、あなたが作ったの?! 凄すぎ！」

その声に釣られて、お母さん達が集まってきます。

「本当にこれ、自分で作ったの？」

「器用ねー。とても私には真似出来ないわ」

ママ友達が注目しているのは、タコさんウインナーとうさぎりんごでした。ちっとも凄くないことを説明するため、デコ弁やキャラ弁の写真を見せるとみんなの態度が一変しました。

「お弁当っていうより、アートみたいね。ちょっとやりすぎ」

「これもお母さんが作ってるの？　そんな時間あるの？」

「食べるだけなのに、なんでここまで気張るの？」

感嘆を通り越して引いています。パリジェンヌの「なんで？」「どうして？」「誰のために？」が始まりました。そうこうしているうちに先生達も顔を出し、しきりにタコさんウインナーを眺めています。大の大人が次々と覗き込むので、注目を集めることが嫌いな娘は小さくなってしまいました。本末転倒なのですが、「悪いことをしたな」と、こちらまでお弁当を隠したいような気分です。

騒ぎが一段落した頃、セリーヌが取り出したお弁当に今度はこちらが驚いてしまいました。トートバッグから出てきたのは、スーパーでよく売っている食パン1斤。そして6枚入りのハムです。セリーヌは当たり前のようにハムをパックから取り出したかと思ったら食パン2枚の間にペッと挟み、向かいに座っている娘に与えました。そして自分の分も同じように用意しました。バターもついていない、そして食パンの耳がついたままの即席サンドイッチです。

思わず釘付けになっていると、その視線に気が付いたセリーヌがこちらに怪訝《けげん》な顔を向けました。

「あ、いや、そんなにたくさんパン食べるのかな、って、びっくりして……」

慌ててそう取り繕うと、セリーヌは笑いながら、

「こんなに食べないわよ！　サンドイッチを準備するのが面倒だっただけよ」

と悪びれもせずに言います。

「多めに越したことはないでしょ。娘ちゃんもお一つ、いかが？」

我が娘は驚いたことに嬉しそうに頷き、即席ハムサンドを早速頰張り始めました。「娘のために」と張り切って早起きした私はなんだったんだろう。なんだか拍子抜けでした。

献身的な子育ては決してしないパリジェンヌです。スタートアップに勤めるセリーヌは時間がないので、お弁当はいつも「ハムサンドとりんご」に決めていると言います。もちろんうさぎりんごではなく、切ってさえいない皮付きの丸ごとりんごです。

余計なことはしない。**頑張りすぎない**。**他の人と張り合わない**。「これでいいんです」と割り切るセリーヌはいつだって自然体です。そして自分を責めるようなことは決してあ

りません。

初夏の太陽の下、子供達は嬉しそうに冷たいピザや素パスタを頬張っています。恥ずかしがる子など一人もいません。

「私も一つちょうだい！」

セリーヌにそうせがむと、彼女は喜んでハムサンドを一つ作ってくれました。外で食べるせいでしょうか。とびっきり美味しいサンドイッチでした。

Sixième partie : Savoir décrocher à la parisienne

特別なことをしない、ゆるゆるないつもの日曜日

「余計なことはしない」というセリーヌの態度は一貫しています。その考え方はお弁当作りだけではなく、休日にも適用されているという事実を目の当たりにしたのは、彼女の家をよく訪れるようになった頃のことです。

娘どうしの仲が良く、ご近所さんだということもあり、セリーヌ一家との家族ぐるみの付き合いが始まりました。ランチを共にし、午後は公園で遊ぶというのが週末の日課となったのです。

日曜日、セリーヌが用意してくれる昼食はいつも同じ内容です。マルシェで買ってきた「poulet rôti（プレ・ロティ）」ことロースト・チキンです。

このプレ・ロティ、フランスでは特別なご馳走ではなく、日曜に家族で食卓を囲む際、

必ず出てくる定番中の定番です。家で調理することは少なく、マルシェかお肉屋さんで出来合いのモノを買ってきます。

店頭に置かれた大きなグリルの中で、串刺しの丸々とした鶏が回転している光景はパリの風物詩です。匂いにつられて買う人も少なくありません。その際、パリっ子は真剣な顔で鶏の大きさや焼き加減、つやを見比べ、厳選します。

うちの旦那は午前中、行きつけのお肉屋さんに電話をかけ、必ず「いつもの」、つまり「大きくて、あまり焼きすぎていないの」を一つ予約します。取りに行く時間を指定すると、アツアツのまま賞味することができるというわけです。こだわりがあるのです。

焼き加減ばかりではなく、切り分け方、お気に入りの部位、余ったチキンの翌日の食べ方と、プレ・ロティを語らせたらとどまるところを知りません。プレ・ロティなくしてフランス人の日曜日は始まらない、と言っても過言ではないでしょう。

セリーヌが出してくれるプレ・ロティはオーブンで温め直しているせいか、多少焼きすぎなのですが、これにグリーンサラダとプチトマトが添えられます。これだけです。カリフォルニア出身の気さくなアメリカ人の旦那様はお酒を飲まないため、飲み物は水のみです。

デザートには市販のヨーグルトなどの乳製品がそのまま出てきます。うちの娘が乳製品を嫌がるため、そのうちデザート役は私が買って出ることにしました。こちらも無駄な労力は使わず、近所のパン屋さんの「いつもの」りんごのタルトを持参します。大きなりんごの切り身がごろごろ入っている、子供達が大好きなタルトです。

日曜日のランチにセリーヌが使うお皿やカトラリーは普段使いのものばかり。コップはプラスチック製。不揃いなところがなんだか妙に落ち着きます。ナプキンは使わずにキッチンペーパーで代用。質素なランチですが、いつものメンツでのんびりおしゃべりをしていると、幸福感に満たされるのは私ばかりではないようです。

変わらない「いつもの」この時間。それはとても温かく、何事もなくまた1週間が過ぎていったことをしみじみと有り難いと感じることができる、貴重なひと時なのでした。

フランス人は日曜日、徹底して特別なことはしません。カトリックの伝統が根強いこの国です。少し前までは日曜日はどこの店も閉まっていたということもあり、この日ばかりは家族と共にゆっくり時間を過ごします。

離婚者、再構成家族の多いパリでも、**日曜日は「特別なことをしない」**という習慣が色濃く残っています。いつものカフェに行き、いつもの新聞を読む。いつもの公園に行き、いつもの散歩をする。いつもの友人と会い、いつものランチをする。それだけです。

ランチの後、近所のいつもの公園で、いつものベンチに座って子供達を見守っていた時のことです。セリーヌの旦那様であるアメリカ人のボブが言いました。

「パリに住み始めた頃は、何もしないのが苦痛だったよ」

娘が退屈するのではないかと心配し、行事を探し出し、出掛ける予定を入れる。そんなことに専念していたそうです。

その話を聞いた私は苦笑してしまいました。自分もそうだったのです。「何かしていないと落ち着かない」という悪い癖が抜けず、疲れているのに予定を入れまくっていたのです。ボブはセリーヌに言われて初めて、「スイッチ・オフ」にすることを覚えたと言います。

「頑張りすぎてもいいことないわよ」

我々の横に腰を下ろしたセリーヌはそう言います。

「日曜日は自分をリセットする日なの。ゆるゆるが一番よ」

すっぴんでいる時の「スイッチ・オフ」と、メイクをする時の「スイッチ・オン」の切り替えが上手なパリジェンヌ。彼女達は日曜日、**完全に「スイッチ・オフ」状態に持っていく**のです。そして「オフ」にすると決めたら、とことん脱力します。頑張ることをお休みするのです。

パリジェンヌがいつでも、どこでも自然体でいられるのは、この**「ゆるゆるの時間」を大切にしているから**なのかもしれません。

chapter 7

Septième partie :
Comment être parisienne

自分なりの生き方を貫く
7つの秘訣

Septième partie : Comment être parisienne

「みんながしているから」から解放される魔法の質問

ルイ・ヴィトン・パリ本社に入社したのは2004年のことでした。それ以来、私は泣く子も黙るパリジェンヌと肩を並べて仕事をし、恋愛をし、子育てをしてきました。一緒に喜び、打ちひしがれ、怒り、大笑いしている間に、気が付いたらすっかりパリジェンヌになっていました。

ここで言う「パリジェンヌ」とは、**一切取り繕わず、すっぴん＝ありのままの自分をさらけ出して生きている人**のことです。自然体で生きている人のことです。

私がパリジェンヌになって何が変わったかと言えば、人目が気にならなくなったということです。束縛のようなものから解放され、身も心も軽くなりました。自分らしい生き方を貫くことが出来るようになりました。私はこの爽快感を一人でも多くの女性に味わってもらいたいと思っています。

chapter 7

自分なりの生き方を貫く7つの秘訣

「日本という国ではそんなことムリ」
「上に立つ人達が変わらない限りムリ」
「会社や家族の重圧があるからムリ」

あなたはそう思っているかもしれません。自分一人では何も出来ない、そして何も変わらないと諦めているかもしれません。

私はそうは思いません。敢えて断言しますが、**誰にでも、どこにいても、パリジェンヌのような生き方をすることは出来ます**。それが、20年という歳月をかけて自分らしい生き方を身につけてきた私の結論です。

周りに流されず、重圧にも負けず、自分らしく生きていくのは決して簡単なことではありません。辛いこと、悲しいこと、苦しいことだってあります。その過程でいろいろな障害は降ってきますし、邪魔だって入ります。あまりにキツくて、諦めたくなる時だってあります。

でもご安心ください。この章では、その障害や邪魔を乗り越えるための7つの秘訣を特別にご紹介します。パリに行かなくても、私のように長年かけなくても、自分なりの生き方を貫くことが出来るようになる、とっておきのコツを包み隠さずお伝えします。

まずは第一の秘訣です。

周りに合わせるのはやめましょう。

「みんながしているから」から解放されましょう。

あなたが窮屈な思いをして生きているのであれば、それは社会のせいでも、会社のせいでもありません。親のせいですらありません。自分のせいです。

私達が感じている重圧は多くの場合、先読みしてしまっているモノです。自分で課しているモノです。私達は気が付かないうちに萎縮してしまっていることが多いのです。俗に言う「同調圧力」です。

「みんなが残業しているから自分だけ定時に退社しづらい」

「みんな参加するから行きたくもない飲み会の誘いを断れない」

「みんなお茶汲みや菓子配りは女性がするべきと思っている」

そんなふうに思う人がいたら、「みんな」に合わせる前にちょっと考えてみてください。それは本当にしなければならないことですか。無理に合わせる必要はあるのでしょうか。

ルイ・ヴィトンに入社して間もない頃、同僚のPR仲間がランチに誘ってくれるようになりました。有り難いので同行させてもらっていましたが、知らない人の話ばかりで正直言ってつまらない時もありました。仕事が立て込んでいる時などは、長々と続くランチが苦痛でさえありました。それでも「一人だけ抜けづらい」感があった私は、無理やりみんなに付き合っていました。

ある日、そんな私を見兼ねた同僚のファニーが言いました。

「つまんないなら、無理に付き合う必要ないのよ」

つまらないと思っていることを見透かされた私は内心、冷や汗をかいていました。思いっきり否定しようとしたその瞬間、私はふと、意外な事実に気が付きました。ファニーも、周りのパリジェンヌも、そんなこと全く気にしていないのです。

「自分はどうしたいのか、どうしたくないのか」

パリジェンヌの判断基準はいつだって自分です。そして周りに合わせる人が尊重されるのではなく、自分の意見を持っている人が尊重されます。もっと言えば、自分の意見を持っていない人は蔑《さげす》まれます。ですから、行きたくもないランチに参加する必要は全くないのです。

私のように、イヤイヤお付き合いをしたり、なんとなく周りに合わせてしまう人がいたらまず、そうしてしまうのは自分のせいだときちんと認識してください。もしかしたら「やらされている」のではなく、「自分でやってしまっている」だけなのかもしれません。

そして自分に一つの質問を投げかけてください。これは単純な質問ですが、「みんながしているから」という意識から解放される、魔法の質問です。自分が本当はどうしたいのか気付かされる、最強の質問です。それは、

「本当にその必要があるのか」

という質問です。

「みんながしているからといって、本当に自分も残業する必要があるのか」
「みんな参加するからといって、本当に行きたくもない飲み会に行く必要があるのか」
「みんな女性がお茶汲みや菓子配りをするべきと思っているからといって、本当にそれに

従う必要があるのか」
答えは自ずと出てきます。案外必要ないかもしれない、ということです。

Septième partie : Comment être parisienne

「こう思われたらどうしよう」と萎縮する人、「どう思われてもいい」と割り切る人

「ちゃんとしなくちゃ」

そういうふうに思う人、とても多いと思います。それは小さい頃から、

「ちゃんとしなさい」

と言われて育ってきたからではないでしょうか。私達は世間体を尊重するように教育されてきたのです。

世間体は非常に数多くの人に共通のふるまいです。「良し」とされてきた体面や体裁です。古来からある特定の集合体で蓄積されてきた「人間の叡智《えいち》」と言ってもよいかもしれません。そしてそれは世代を超えて引き継がれてきたモノです。重みがあります。

世間体を重視するのは決して悪いことではありません。世間に準ずると社会生活を営む

上で便利なこと、都合の良いこと、ラクなこと、たくさんあります。自分のことよりも、社会の利益を優先させる心は日本人がもっとも得意とする分野です。社会秩序を保つことに大きく貢献しているとも言えるでしょう。

世間体を蔑《ないがし》ろにするのはいけませんが、世間体を気にしすぎるのもいけません。「こう思われたらどうしよう」ということばかり気にしていると、大事なモノが見えなくなってしまうからです。**それは、「こうありたい」という、確固たる自分の意志です。**

自分らしく生きる第二の秘訣です。
「こう思われたらどうしよう」という発想は捨て、「どう思われてもいい」と割り切ってください。

世の中にはいつの時代も、他人のことをとやかく言う人がいます。それはフランス人も一緒です。視野の狭い人。自分の価値観を押し付けてくる人。異質なものを毛嫌いする人。変化にアレルギー反応を示す人。そんな人はどこにだっています。そしてそんな人の意見を気にしても仕方ありません。

ママ友で大学教授のエミリーはロレックスの時計をはめています。金色のものです。それは長年かけて貯めたお金でやっと買った「自分へのご褒美」だそうです。ところが、教授仲間は「そんなものをはめる教師はけしからん」と白い目で見てくるそうです。

いわゆる「肩身が狭い」状況の中、エミリーは、

「こんな派手な時計をはめて非常識と思われたらどうしよう」

などとは微塵《みじん》も考えません。教師がロレックスをはめてはいけないという規則はないと言い張り、

「どう思われてもいい！」

と割り切っています。そして自分がはめたい時計をはめ、真紅のマニキュアを欠かすことなく、堂々と教鞭をとっています。見ている方が拍手したくなるほど、自分なりを貫いています。そしてそれを「おかしい」と言う学生は一人もいません。

エミリーのように割り切ることができたら、どんなに爽快でしょう。それはもちろん一夜にして実現できることではありません。ですが、焦る必要は全くありません。

「こんな恰好で出掛けて、非常識だと思われたらどうしよう」

「家事を外注して、とんでもない嫁だと思われたらどうしよう」

「お弁当が雑で、ひどいお母さんだと思われたらどうしよう」


そう萎縮してしまう自分がいたら、まずは一呼吸おいて、キラキラ輝く金色のロレックスを思い出してみてください。堂々と教壇に立つエミリーの姿を想像してみてください。気持ちが吹っ切れること間違いなしです。そして、エミリーのように、

「どう思われてもいい！」

と自分に喝を入れてください。


「この恰好でどうしても出掛けたいから、どう思われてもいい！」

「家事を外注して自分がラクになるなら、どう思われてもいい！」

「お弁当なんて準備するだけで私エライから、どう思われてもいい！」


そう割り切ってください。**自分の意志を尊重してください。**

後ろ指をさされたくない。批判されたくない。浮きたくない。そんなふうに尻込みをしながら生きていると、損するのは自分です。世間体ばかり気にしていると、自分らしい生

き方からは確実に遠ざかります。

心の奥底に仕舞い込んである「自分らしさ」。自分のペースでいいので、少しずつ、引き出していきましょう。

Septième partie : Comment être parisienne

自分という原石を磨くことに専念しなさい

エミリーはただでさえ目立つ女性です。ブロンドの長い髪をなびかせる彼女は目鼻立ちがくっきりしており、とても美しいのです。まるでギリシャ彫刻のようです。とても4人の子供がいるお母さんには見えません。

「エミリーは綺麗だから、余計ワル目立ちするんじゃない?」

そう何気なく呟くと、

「自分が綺麗だなんて思ったこと、一度もないわ!」

エミリーは心底迷惑そうな顔をしています。

綺麗だと言われ慣れていて、うんざりしているのでしょうか。

「女性はいつだって容姿で判断されてしまうけど、それっておかしいと思うのよ」

エミリーは憤慨しています。

フランスでも「金髪女は頭が悪い」などという偏見があるのです。私は地雷を踏んでしまったようです。

「でも、綺麗って言われて悪い気はしないでしょ?」

そう遠慮がちに聞いてみると、エミリーはキッパリと言いました。

「嬉しくもなんともないわ。かえって迷惑よ」

エミリーが「迷惑」と断言するにはちゃんとした理由があります。

「容姿にこだわる女性は、周囲からの評価や承認を得たいという欲求が強い」というのが彼女の意見です。言い方を変えれば、「もっと綺麗になりたい」と考える女性はチヤホヤされたいのです。注目を浴びることによって、自己満足感を得ようとしているのです。

「もっと美人だったらよかったのに……」

何度もそう思ったことがある私にとっては、耳の痛い話でした。

エミリーは、

「容姿にこだわるのはとても危険なこと」

だとも言います。なぜならば、そういうふうに考える人は注目を浴びることができない時、自分がつまらない人間だと思い込んでしまうからです。自分が石ころのような、どうでもいい人間だという錯覚におちいってしまうからです。

本当に素敵な女性は見た目にこだわりません。エミリーは「綺麗」と言われるより、「魅力的」と言われた方が嬉しいと言います。見た目は歳とともに確実に変化し、失われていくモノであるのに対し、魅力は歳を重ねれば重ねるほど、美しく放たれるモノだからです。確かなモノだからです。

「綺麗」と言われる度に顔をしかめるエミリーは、**自分の魅力を磨くことに専念しています**。そんなエミリーに「一番の魅力はどこか」聞いてみると、彼女は即答しました。

「手よ、手！　私の一番のチャームポイントよ」

長いスラリとした指が印象的なその手は、ピアニストだった、そして早くに他界してしまったお母さん譲りの手だと言います。彼女にとっては何よりも大切な手なのです。エミリーが真紅のマニキュアをし、金色のロレックスを欠かさないのは、その自慢の手に視線を持っていくためだったのです。

自分らしい生き方を貫く第三の秘訣です。

容姿にこだわるのはやめましょう。
自分だけの魅力を見つけ出しましょう。

自分にしかない、自分だけの魅力。絶対にあるはずです。探してください。それは、常日頃、自分が欠点だと思い込んでいる顔の部位かもしれません。気に留めたことすらない自分の頸、背中、肩のラインかもしれません。チャームポイントは意外なところに潜んでいるものです。

私の場合、長年かけて見つけた自分だけの魅力は、サラサラの黒髪、そして左の耳たぶに並ぶ2つのホクロです。そう、別に意味を成さなくてもよいのです。魅力は人の評価とは無関係の次元にあります。自分が納得し、自分の心が和むモノ、そして自慢したくなるモノなら何でもよいのです。

女性は誰もがダイヤモンドの原石です。最初はその辺に転がっている石と見分けがつきません。無数の石ころの中に埋もれています。キラキラなダイヤモンドとはあまりにも遠い世界ですので、私達は自分がくだらない人間だと思い込んでしまいます。ですが、あなたは決してただの石ころではありません。つまらない人間ではありません。

自分という原石を磨く努力をコツコツと続けてください。それはパリジェンヌのように素顔の自分としっかり向き合うことから始まります。自分のアラ探しをすることをやめ、素の自分を受け入れた瞬間、自分だけの魅力を見つけ出すことが出来るようになります。

それは自分にしか出来ないことです。敢えてはっきり申し上げますが、誰かが代わりにやってくれると思ったら大間違いです。そして何もしなければ、原石は原石のままです。一生くすんだままです。

やってみると驚いてしまうかもしれませんが、**原石は磨けば磨くほど輝いてきます。必ず自分なりの輝きを放ちます。**

そのことをよく理解しているパリジェンヌが自分磨きを怠ることは決してありません。

Septième partie : Comment être parisienne

人が褒めてくれなくても毎日必ず1回、自分を褒めてみる

自分らしく生きる第四の秘訣です。

「私なんか……」という発想は今すぐ捨ててください。

人が褒めてくれなくても、自分を褒めまくってください。

私にこの「ベタ褒め戦略」を教えてくれたのは、入社当時、オープンスペースで机を並べていた、小悪魔ギャル風の同僚、ソフィアです。

ある日のこと。

「どうしてくれるのよ、これ！」

そう怒鳴りながらオープンスペースに飛び込んできた人がいます。金髪美人の上司、ジ

ュリエットです。どうやらソフィアが仕掛けた記事の内容が気に食わないようです。上司の剣幕に押された私がフリーズしていると、驚いたことにソフィアは逆ギレしました。

「どうしてくれるのって、事前に相談したでしょ！　今さら何言ってるのよ！」

ジュリエットよりすごい剣幕です。

「普通こんなの、記事にならないわよ。相当無理して書いてもらったのよ！」

普段は無口なソフィアですが、一度切れるとしばらく収まりません。

ベテランの上司が言い負かされる場面を見たのは、後にも、先にも、この時だけでした。

ジュリエットが投げ出していった新聞紙を見てみると、一部批判的な内容がありますが、全体的には良い記事です。そうソフィアに言ってあげようかと思った私ですが、出る幕はありませんでした。ソフィアは自分で自分を褒めまくっているのです。

「一面記事よ、一面記事！　でかしたってなもんよ。すごくない、私？」

誰も褒めてくれないなら、自分で自分を褒める。これこそ、パリジェンヌがパリジェンヌたる所以です。自分なりを貫くための、意外な、けれども確かな秘訣です。

批判精神が旺盛なフランスでは、批判し合うことはあっても、褒め合うことは滅多にありません。お世辞を全く使わないパリジェンヌですから、私も同僚に褒められたり、持ち上げられたりした記憶は一度もありませんでした。もちろん、仕事の成果を上司に褒められたことはありますが、それでも指折り数えられる程度です。

そしてたまに褒められた時でも、私は悪い癖で、

「いえ、これはチーム・ワークの賜物です」

「私は大したことしていません」

と日本人の常でいつも謙遜《けんそん》していました。今から思えば、上司はその度に変な顔をしていました。私の言葉を真に受けていたようです。「自分を卑下して相手を持ち上げる」という美徳を全く理解しないフランス人から見たら、私の態度は意味不明だったのでしょう。

ソフィアは決して謙遜しません。会議の時も臆することなく、自分を褒めまくります。

「これまでにない素晴らしいイベントでした。上出来です！」

「この雑誌にこれほどページ数を割いてもらったことはありません。すごいことです！」

「私のアイデアで新しいライターを起用したのですが、画期的でした！」

そんなソフィアに周りも納得し、しきりに頷いています。

これは謙遜している場合ではないと気が付いた私は、ソフィアの「ベタ褒め術」を実践してみることにしました。

まずは毎晩、寝る前に自分の良いところを見つけて口に出してみる、ということをやってみました。最初は変な感じがしましたが、次第に褒め言葉も板についてきました。


「体調悪いのにこんなに頑張っている私ってエライ！」

「上司の小言に付き合ってあげた私って人間デキてる！」

慣れてきた頃、今度は会議で自分の仕事の成果をヨイショすることを心掛けました。

「SDGsに関する取り組みを取り上げてもらったのは初めてです！　快挙です！」

「物作りを記者に体験してもらったことが功を奏しました！　イベントは大成功です！」


そう自分を持ち上げていると、自分が本当にデキる人間になったような気がしてくるから不思議なものです。すると、どこからともなく、自信が湧き出てきます。そして自然と説得力が増し、結果として周りの評価も上がります。やってみてびっくりしましたが、自分を「ベタ褒め」すると、いいことだらけなのです。

騙されたと思って、試してみてください。**自分をやたらと卑下することをやめ、毎日必ず1回、自分を褒めることから始めてください**。どんなに些細なことでも構いません。大袈裟だってよいのです。いえ、大袈裟な方がよいのです。最初はくすぐったいかもしれませんが、とにかく自分を褒めてみることです。そしてそれを習慣化してください。

「私なんか……」という発想とは永遠にさよならです。爽快な人生はそこから始まります。

chapter 7

自分なりの生き方を貫く7つの秘訣

Septième partie : Comment être parisienne

世間外れなことを敢えてやってみると驚くほど吹っ切れる

「もっと会議で発言しなきゃダメよ！」

私がコーポレートPRマネジャーになったばかりの頃、広報部長のアナベルによく怒られました。

「まだマネジャーだから……」

何かにつけ、遠慮していた私です。マネジャーの私が勝手な発言をしたら、部長が困るだろう。目立ちすぎたら、同僚の反感を買うだろう。気遣いと気兼ねでモヤモヤしていたのです。なかなか殻を破ることが出来ない私に、部長は痺れを切らして言いました。

「『まだマネジャーだから』という発想は捨てなさい。『まだマネジャーだけど』ガンガン発言する、っていう勢いがないとダメよ！」

それはそのまま、自分なりの生き方を貫く第五の秘訣でもあります。

「～だから」と萎縮するのはやめなさい。

「～だけど」と開き直ってください。


「嫁だから、いろいろ我慢しないと」

「お母さんだから、子育てを優先させないと」

「おばさんだから、恋愛なんて恥ずかしい」


「～だから」という考え方をしていると、自分を押し殺すことになってしまいます。そして厄介なことに、抑圧されているような不快感が残ります。喉越しの悪いドリンクのように、生きづらさという後味ばかりが舌に残るのです。


「嫁だけど、我慢なんてしません！」

「お母さんだけど、自分を優先させます！」

「おばさんだけど、恋愛に突っ走ります！」

まずは自分に出来そうな「～だけど」。それを幾つか口に出してみてください。「世間外れ」なことで構いません。もっと言えば、「フツーそれ、しないでしょ」と言われそうな、「世間外れ」なことの方が効果的です。そして一つずつで構いませんので、実行に移してみてください。

「部下だけど」上司に逆ギレして反論するソフィア
「90歳だけど」平気でハイヒールを履くおばあさま
「お母さんだけど」好きな服を選び、肌を露出するセリーヌ

パリジェンヌはそうと決めたら、「萎縮せず気兼ねせず遠慮せず」です。どう思われようが、やりたいことをやりのけます。眉をひそめる人がいても気にしません。やった者勝ちなのです。

私は40歳になってから、ずっとやってみたかったロンスケ・ダンシングを始めました。普通のスケートボードより長いデッキを使い、滑りながらその上でステップを踏むものです。フランスではロンスケをやっている人はあまりいませんが、いずれにしても20代の若者ばかりです。

最初のうちは、

（年甲斐もなく、なんて思われたらどうしよう……）

そう考え出すと居たたまれなく、一人で萎縮していました。誰も見ていないのに、スケートボードを隠すようにして道の端をコソコソ歩いていました。けれども、ある時からそんな自分がバカらしくなりました。そして、

「40代だから、ロンスケなんて恥ずかしい」

と考えるのをやめ、

「40代だけど、ロンスケ始めるなんてカッコいい！」

と思い込むようにしました。堂々とスケートボードを見せびらかして歩くことが出来るようになりました。

するとと人目が全く気にならなくなり、上達すると幾つかステップを踏むことが出来るようになりました。下手の横好きですが、そんなことはどうでもよいのです。滑っている時はまるで羽が生えたかのように、身も心も軽くなります。楽しくて仕方ありません。

スケートボードである必要は全くありませんが、**私のように「世間外れ」なことを敢えてやってみることを強くオススメします**。驚くほどさっぱりします。今まで人目を気にしていたことが信じられないくらい、気持ちが吹っ切れます。

誰にでも、驚くほど簡単にこの気分を味わうことが出来ます。病みつきになってしまうかもしれません。**縮こまっている自分の羽、大きく広げてみてください。**

Septième partie : Comment être parisienne

「見ざる聞かざる言わざる」はもうおしまい

「おかしいな……」

「もしかして……」

「これってどうなんだろう……」

毎日の生活でそんなふうに思ったこと、ありませんか。

私達は「何か違う」と感じていても、面倒なことにならないために見ない振りをしたり、聞こえない振りをしたりします。口にするのは憚られると思って言葉を飲み込んでしまったりします。

孔子の『三猿』を敢えて意訳すると、私達は世間体を守るために「見ざる聞かざる言わざる」になってしまっているのです。

パリジェンヌはそんなことありません。世間体というモノを全く気にしない彼女達ですから、「おかしい」と思ったことはすぐさま口にします。「萎縮せざる気兼ねせざる遠慮せざる」を貫き通し、自分の意見をはっきり述べます。

ある午後、アネゴこと、広報部のお局様に、日本の友人が婚活していることを話していた時のことです。

「そこまで結婚にこだわるって、それおかしいと思うわ」

アネゴははっきり指摘します。そして女子力について言及すると、

「その『女子力』っていう言葉自体、おかしくない？」

と詰問してきます。日本では無痛分娩《むつうぶんべん》があまり良しとされない話になると、

「おなかを痛めてこそ母親って、なんで？　おかしいわよ！」

とかかってきます。

「それっておかしくない？」のオンパレードです。

大の日本好きのアネゴですが、批判精神は決して忘れません。とは言っても、決して頭ごなしに否定しているわけではありません。パリジェンヌは「何か違う」と思うことがあると、まずそれをはっきりと口にします。そして自分が納得するまで議論を続けます。「こ

れってどうなんだろう」と思ったことは決して溜め込まないのです。

これがまさに自分らしく生きるための第六の秘訣です。

「それってておかしくない?」

そう思うことがあったら、勇気を出して言語化しましょう。

「みんながしているから自分も残業って、おかしくない?」
「行きたくもない飲み会に参加するって、おかしくない?」
「お茶汲みや菓子配りは女性がするべきって、おかしくない?」

思っていることを口に出してみるだけでも構いません。文章にしたり、リストアップしてみるのもいいかもしれません。**自分の中にあるモヤモヤを一度はっきり言語化してみてください。**驚くほど心がスッキリします。

その意見を上司や意思決定権を持つ人にぶつけてみるという手もありますが、あまりお勧めできません。なぜならば、上に立つ人達は、既成概念を覆すような考え方にアレルギー反応を示すからです。理解される可能性はかなり低いと思ってよいでしょう。

私は、社会は女性が変えていくものだと思っています。上からではなく、底辺から変えていくものだと思っています。その力は私達一人一人の中に秘められているということです。けれども一人では何もすることは出来ません。一人で悩んでいても仕方ありません。「何か違う」と思うことをはっきり言語化することが出来たら、今度はそれを同じような意見を持っている人達と分かち合ってみてください。あなたと同じことを考えている人、同じ疑問を感じている人、同じ悩みを持っている人……。気が付かないだけで、周りにたくさんいるはずです。

それは同僚かもしれませんし、ママ友かもしれません。ゼミ仲間やスクールの友達かもしれません。SNSを利用して同志を見つけるのも手かもしれません。

自分の殻を破るのは勇気のいることですが、一度破ってしまえば、多くの人を勇気づけることになります。「私も」と言う人が必ず出てきます。すると反対に、多くの人に勇気づけられることになります。**沈黙という負の連鎖を断ち切ることが出来るのです**。そうやって少しずつ、声を上げやすい社会になっていくのではないでしょうか。

「見ざる聞かざる言わざる」はもう、おしまいにしましょう。

Septième partie : Comment être parisienne

自分らしさを取り戻すために パリジェンヌが欠かさないこと

一切取り繕わず、すっぴん＝ありのままの自分をさらけ出す。簡単なようで、難しいことです。その一番の理由は、自分にあります。私達は幾つもの自分を重ねて生きているからです。それは無意識のうちに重ねてしまっているモノです。

「こうありたい」という理想の自分。
「こうあるべき」という期待を背負っている自分。
「こうでなくちゃ」と頑張りすぎている自分。

年末の大掃除の際、埃にまみれ、時にはカビがこびりついている換気扇のフィルターを見てびっくりしたことはありませんか？

自分のフィルターも一緒です。放っておくと塵《ちり》や埃にまみれてしまいます。定期的に掃除をしなければなりません。

この埃は油断するとすぐに散り積もる、とても厄介なモノなのです。ですが、これを取り除く努力なくして、自分なりの生き方を貫くことは出来ません。

でも心配は無用です。フィルターにこびりついた汚れをごっそり取り除き、自分らしさを取り戻すことが出来る、とっておきの方法があります。それはパリジェンヌがもっとも得意としていることであり、定期的に行うことです。

それが自分らしい生き方を貫く第七の秘訣です。
時には肩書きも、責任も、義務も、何もかも投げ出し、
心を空っぽにしてください。

フランスはバカンス大国です。会社員からパン屋さんまで、どのような職業の人でも年間5週間の有給休暇をきっちり消化します。バカンスは決して富裕層の特権ではありません。有給は労働者の「権利」ですので、フランス人は休暇を取る際、決して気兼ねすることはありません。多くの人は夏休みとして3週間から丸々1ヶ月の長期休暇を取ります。

ルイ・ヴィトンのパリ本社に入社してすぐの夏、私はお盆前後に1週間の休暇を申請しました。すると、すぐさま上司に呼び出されました。「入社早々休みを取るとはけしからん」と怒られるのかと思ったら、その全く逆でした。

「夏休みなんだから、せめて3週間は取りなさい！」

そういう上司は、8月中は研修生以外、誰も出社しないこと、取引先や外注先もみんな休暇中なこと、そして息抜きはとても大事なことを長々と説明してくれました。

頭では理解しても、私にとっては経験したこともない長期休暇です。3週間もの間、どう過ごしてよいのか見当も付きません。手持ち無沙汰の私は結局、各国の広報チームとやりとりを続けるため、仕事を休暇に持ち込みました。

すると、またまた叱責を受けました。

「仕事から頭が離れなければ、休暇の意味が全くないじゃない！」

そう言う上司はついに私に向けて、休暇中の「仕事禁止令」を発しました。

フランス人は休暇中、何もしません。パリジェンヌ流バカンスの醍醐味《だいごみ》といえば、パリを離れ、仕事を離れ、リゾート地、もしくは田舎に居を移すことです。ホテルに滞在する人、友人の別荘に行く人、安宿を借りる人……。いろいろですが、基本的にはビーチでのんびりしたり、山歩きをしたり、本を読んだり、スポーツをしたり、家族でゲームをしたりします。それ以外は忙しく立ち回ることはありません。完全なるスローライフです。

休みベタな私も数年経つと、仕事や降り積もる課題を一時的に忘れ、長期休暇を楽しむことが出来るようになりました。日頃のストレスから解き放たれ、苦労を忘れ、「命の洗濯」をすることが出来るようになりました。すると、よどんでいた血液がサラサラになり、凝り固まっていた脳みそが解きほぐされたような、えも言われぬ快感を感じるようになりました。「寿命がのびるほどの保養」と言いますが、まさにそんな感覚です。

思った以上に疲れていませんか？　一杯一杯になっていませんか？　最後に「命の洗濯」だと思えるような休暇を過ごしたのはいつですか？

自分らしい生き方を貫く秘訣は、意識して人間らしい休暇を取り入れることにあります。

3週間はどうしたって無理かもしれません。可能であるならば数日ではなく、1週間以上の長期休暇を取ってみてください。パリジェンヌのように萎縮せず、気兼ねせず、遠慮せず、自分の健康と幸せを優先させてください。

ここで大事なことが一つあります。それは休暇の間、仕事や家事、子育てに追われる状況を作ってはダメだということです。要は、何もしないことです。日々抱えているモノをその時ばかりは投げ出し、素の自分に戻ることです。

のんびりすることが出来る時間を死守してください。パリジェンヌは自分の休養のためなら、平気で子供をキャンプに送り出したり、祖父母の家に預けたりします。バカンス先でヘルパーやベビーシッターを雇うことも厭《いと》いません。

日本人は世界に類を見ないほど、勤勉で努力家、そして我慢強い国民です。それは素晴らしいことですが、弊害だってあります。埃が散り積もってしまったフィルターの掃除を長年怠ると、取り返しがつかないことになるのと一緒です。

代償はあなたが思っているより、大きいのかもしれません。我慢のし過ぎ、無理のし過ぎは身体にも、心にもよくありません。**驚かれるかもしれませんが、休みベタから脱却することこそ、自分なりの生き方を貫くための最大の秘訣なのです。**

最初のうちは「ムダな時間」だと落ち着かないことがあるかもしれません。私もそうでした。けれどもムダな時間は決してムダではありません。とても、とても大切な時間です。心を空っぽにすることが出来て初めて、見えてくるものがあります。

それはありのままの自分です。マスクを取り外し、取り繕うことをやめた、素顔の自分です。唯一無二の自分という存在です。大切にしてください。

終わりに

「自分は自分でいいのだ！」と吹っ切れた瞬間、新しい人生が始まります

すっぴんでいることが多い私もたまにメイクをします。著書のインタビューや講演会、そして食事会など、自分が「スイッチ・オン」になる時です。パリジェンヌ流に自分でチャッチャと数分で済ませることもあれば、プロのメイクさんにお願いすることもあります。

そんな時はやはり気分も華やぎます。

すると、興味津々の娘が私の顔を覗き込んで言います。

「わあ！　ママきれい！」

それでも決まってワンクッション置いた後、こうも言います。

「でも、いつものママの方がいいと思う」

こちらはガクッと来るのですが、ちょっと心が和んだりします。

「素顔のママの方がいい」

と言われる度に、初めてすっぴんで出勤してみた時、
「そっちの方がジュンらしい」
と言ってくれた同僚のソフィアの言葉を思い出すのです。

素の自分を丸ごと受け止めてくれる人がいるというのは、なんて素晴らしいことなんでしょう。すっぴんでも、ボサボサでも「そんなママがいい」と娘が言ってくれる度に、私は彼女をすっぽりと抱きしめたい気持ちになります。そしてそんな娘の目に映る自分のことまで、なんだか愛おしくなってくるのです。

大袈裟に聞こえるかもしれませんが、ありのままの自分を好きになることが出来ると、満ち足りた思いになります。それは地位や名誉、お金や権力では決して手に入れることの出来ない幸福感です。

「自分は自分でいいのだ！」と吹っ切れた瞬間、新しい人生が始まります。

まだ天真らんまんな娘ですが、これから思春期を迎えます。難しい時期です。自我に目覚め、人と比べてしまったり、劣等感に苛《さいな》まれたり、自己嫌悪に陥ったりする厄介な年頃です。

「人は人。自分は自分」

娘がそう割り切り、強く、そして美しく生きていくことを願わずにはいられません。

そして娘だけではなく、日本中にいる自分に自信がない人、自分を好きになれない人、自分はつまらない人間だと思っている人……。そんな女性が、この本を読んで少しでも気持ちが吹っ切れ、自分らしさを意識するようになってくれたら、これほど嬉しいことはありません。そんな切なる願いを込めてこの本を執筆しました。

これからは女性の時代です。素の自分と向き合ってください。ありのままの自分をさらけ出してください。自分ほど愛おしいモノは、この世の中に存在しません。

この場をお借りして、「私の何が本になるのか」時間をかけて導き出してくれたブックオリティ出版ゼミの高橋朋宏学長、平城好誠《ひらきよしのぶ》編集ディレクターと事務局の皆様、良いところを褒めながら巧みに素晴らしい本に仕立て上げてくれたダイヤモンド社書籍編集局の土江英明氏、並びにスタッフの皆様、今でも天国から私を指導し続けてくれているに違いないルイ・ヴィトンの（故）イヴ・カルセル前社長、ＬＶＭＨグループの会長兼ＣＥＯのベルナール・アルノー氏、そして一緒に仕事をさせていただく機会のあったアルノー家の皆様に厚く御礼申し上げます。

また、この本に登場する魅力的なルイ・ヴィトンの仲間や友人たちにも心から感謝致します。皆さんとの出会いなくしてこの本は成り立ちません。ありがとうございました（登場人物はプライバシー保護のため、一部お名前を変更させて頂いております）。

そして何よりも、20歳そこそこで「パリに行く！」と決め、無謀にも日本を飛び出した私を引き止めることなく、常に見守ってくれた両親に心から感謝しています。「木の上に立って見守るのが親」だと言いますが、自分も親になってみてその難しさが身に沁みる中、時には遠くからエールを送り、時には疲れ切った私を無条件に受け止め、そして癒やしてくれた両親には頭が上がりません。私の原点には、パパとママの愛情があります。

最後になりますが、本書を店頭に置いてくださった書店の皆様、記事にしてくれたメディアの皆様、そして何よりも本書を手に取り、最後まで読んでくださった読者の皆様に感謝申し上げます。多くの人の力が合わさって初めて成り立つのが本です。本当に皆様のおかげです。

ありがとうございました。

2024年5月、パリにて

藤原　淳

［著者］
藤原 淳（ふじわら・じゅん、June Fujiwara）
ラグジュアリーブランド・マイスター。著作家（パリ在住）。
東京生まれ。3～6歳の間イギリスで育ち、横浜インターナショナルスクールを経て、聖心女子学院に入学。聖心女子大学の国際交流学科に在学中、フランス語の美しさに魅了され、フランス語を習得。1996年、朝日新聞が主催する「コンクール・ド・フランセ」（スピーチ・コンテスト）で準優勝し、2ヶ月のパリ語学研修を副賞として獲得。「フランス語で本を書きたい！」という漠然とした夢を抱くが、手掛かりが摑めず、大学卒業後はとりあえず大学院へ進むために再び渡仏。1999年、歴代最年少のフランス政府給費留学生として、エリートが通う有名校、パリ政治学院に入学。卒業後、日本の外務省が実施する在外公館専門調査員制度に応募し、在仏日本国大使館の広報文化担当に選抜される。3年の任期が切れた頃、広報の経験を活かしてパリに残る決意をし、ラグジュアリーブランドの最高峰であるルイ・ヴィトンのパリ本社にPRとして就職。
そこでパリジェンヌという異質な生き物と遭遇。戸惑いつつも、ありのままをさらけ出す、その爽快な生き方に魅了される。先祖代々、ヴィトン家に伝わるモノづくりの精神や旅の真髄（こころ）に関するイベントを年間30件、プレス・ツアーを50件企画。幾つもの修羅場を潜り抜けているうちに面の皮も厚くなり、2007年にPRマネジャーに抜擢された頃には「もっともパリジェンヌな日本人」と称されるようになる。2010年、PRディレクターに昇進し、2018年には異種業界とのコラボやメセナ事業を企画する新部署を立ち上げて初代パートナーシップ&チャリティー・ディレクターに就任する。
2021年に本来の夢を全うするべく退社し、日本を紹介する本をフランス語で3冊出版：「Les secrets du savoir-vivre nippon（和の心とは何か）」（2021）、「Mes rituels japonais（日本人である私の生活習慣）」（2022）、「La parfaite Tokyoïte（真の東京人）」（2023）。
現在は作家活動の傍ら、ラグジュアリー業界の知識を活かしてコンサル活動を行い、インスタグラム：@junettejapon（フォロワー数：2024年4月時点で2万2000人）で日本に憧れを持つフランス人向けのコンテンツを積極的に発信している。

パリジェンヌはすっぴんがお好き

2024年5月28日　第1刷発行
2024年6月13日　第2刷発行

著　者——藤原 淳
発行所——ダイヤモンド社
〒150-8409　東京都渋谷区神宮前6-12-17
https://www.diamond.co.jp/
電話／03･5778･7233（編集）　03･5778･7240（販売）

編集協力——ブックオリティ
装丁・本文デザイン——矢部あずさ（bitter design）
カバー・本文イラスト——WALNUT
校正——聚珍社
製作進行——ダイヤモンド・グラフィック社
印刷——ベクトル印刷
製本——ブックアート
編集担当——土江英明

ISBN 978-4-478-11958-7